MILAGRES PRÁTICOS PARA MARTE & VÊNUS

John Gray, Ph.D.

MILAGRES PRÁTICOS PARA MARTE & VÊNUS

Nove princípios para obter amor duradouro, sucesso e saúde vibrante no século XXI

Tradução de
Alyda Christina Sauer

Título original
PRACTICAL MIRACLES FOR MARS & VENUS
Nine Principles for Lasting Love, Increasing Success,
and Vibrant Health in the 21st Century

Copyright © *by* Mars Productions, Inc.

Primeira publicação pela HarperCollins, Nova York, NY.
Todos os direitos reservados.

Publicação da edição brasileira mediante acordo com
Linda Michaels Limited, International Literary Agents.

Direitos mundiais para a língua portuguesa
reservados com exclusividade à
EDITORA ROCCO LTDA.
Rua Rodrigo Silva, 26 – 4º andar
20011-040 – Rio de Janeiro – RJ
Tel.: (21) 2507-2000 – Fax: (21) 2507-2244
rocco@rocco.com.br
www.rocco.com.br

Printed in Brazil/Impresso no Brasil

preparação de originais
MARIANA PEREIRA DE SOUZA

CIP-Brasil. Catalogação-na-fonte.
Sindicato Nacional dos Editores de Livros, RJ.

G82m	Gray, John, 1951–
	  Milagres práticos para Marte & Vênus: nove princípios para obter amor duradouro, sucesso e saúde vibrante no século XXI / John Gray; tradução de Alyda Christina Sauer. – Rio de Janeiro: Rocco, 2004.
	
	  Tradução de: Pratical miracles for Mars & Venus: nine principles for lasting love, increasing success, and vibrant heath in the 21st Century
	  ISBN: 85-325-1710-2

04-0451	CDD – 158 CDU – 159.947

Dedico este livro à memória da minha mãe, Virginia Gray. A humildade, a força, o desprendimento e o amor que ela manifestou como mãe para a sua família e para as milhares de pessoas que freqüentaram a sua livraria, a Aquarian Age Bookshelf, jamais serão esquecidos. Seu espírito gentil, jovial e radiante permanece vivo em mim e em todos que tiveram a sorte de conhecê-la. Ela é meu exemplo de vida espiritual e espero que este livro faça justiça às muitas bênçãos que ela me deu.

Obrigado, mãe, por estar sempre presente e por ficar por aqui para continuar a me ajudar.

AGRADECIMENTOS

Agradeço à minha mulher, Bonnie, e às nossas três filhas, Shannon, Juliet e Lauren, por seu amor e apoio constantes. Sem suas contribuições este livro não poderia ter sido escrito. Agradeço a Jane Friedman, da HarperCollins, por acreditar neste livro. Agradeço à minha editora, Diane Reverand, por seu trabalho e conselhos brilhantes. Agradeço também à minha divulgadora, Laura Leonard. A Matthew Guma pelo apoio editorial, a Anne Gaudinier, a Rick Harris e a Susan Stone da HarperAudio, e a toda a equipe incrível da HarperCollins.

Obrigado a Linda Michaels, minha agente internacional, por tratar da publicação dos meus livros em mais de cinqüenta idiomas. Obrigado a Monique Mallory da Planned Television Arts por seu trabalho árduo para organizar minha agenda movimentada na mídia.

Agradeço à minha equipe: Steve Grumer, Helen Drake, Bart e Merril Berens, Pollyanna Jacobs, Ian e Ellen Coren, Donna Doiron, Michael Najarian, Sandra Weinstein, Jon Myers, Martin e Josie Brown, Matt Jacobs, Bob Beaudry e Ronda Coallier pelo apoio constante e árduo trabalho.

Agradeço o apoio e as sugestões úteis de muitos amigos e membros da família: Robert Gray, Virginia Gray, Robert e Karen Josephson, Clifford McGuire, Jim Kennedy, Alan Garber, Oprah Winfrey, Merv Griffin, Renee Swisco, Paul Goldberg, Darren Stephens e Jackie Tallentyre, Bill Galt, Gail Weaver, Cheryl Lingvall, Dr. Zhi Gang Sha, Dr. Mohsen Hourmanesh, Dra. Ellen Cutler, Jon Carlson, Ramy El Batrawi e Malcolm Johns.

Agradeço às centenas de facilitadores de workshop que ensinam nos laboratórios Marte-Vênus por todo o mundo e aos milhares de indivíduos e casais que participaram desses laboratórios. Agradeço também aos conselheiros Marte-Vênus que continuam a apoiar meu trabalho com sua prática de aconselhamento.

Eu agradeço aos meus pais, Virginia e David Gray, por todo amor e apoio que me deram. E, apesar de não estarem mais aqui, o amor deles continua a me dar forças. E obrigado a Lucile Brixey, que sempre foi como uma segunda mãe, pela orientação e amor.

Um agradecimento especial a Anupati Kaleshwar, cuja sabedoria e experiência foram de grande ajuda para a compreensão prática da energia curativa natural.

Agradeço a Deus pela energia, clareza e apoio incríveis que recebi ao escrever este livro.

SUMÁRIO

Introdução	11
1. Milagres práticos para Marte e Vênus	23
2. Reconhecendo nosso novo potencial	34
3. Os nove princípios	43
4. Álgebra espiritual	57
5. Vivendo numa era de milagres	79
6. A vida sem peso	112
7. Nossas nove necessidades básicas	126
8. O balanceamento da vida	148
9. Aprendendo a ser curado e a permanecer curado	160
10. Nove técnicas para criar milagres práticos	169
11. A técnica de recarregar	178
12. A técnica de descarregar	193
13. A dieta da energia natural	212
14. A técnica da reação positiva	222
15. A técnica de desbloqueio	230
16. A técnica de retificação da atitude	237
17. A técnica da respiração consciente	240
18. A cura com a energia natural	243
19. A técnica do "e se..."	250
20. O poder já está dentro de você	256

INTRODUÇÃO

Para muitas pessoas, o início de um novo ano é pleno de determinações, que, depois de algumas semanas, são abandonadas. Quantas vezes suas boas intenções falharam? Mesmo inspirados para fazer alguma mudança positiva, logo perdemos a motivação e recaímos nos hábitos antigos. A vida continua como antes. Depois de um tempo, perdemos o entusiasmo e a fé em nós mesmos e nos outros. Quando surge o desejo de promover uma mudança, não o levamos muito em conta ou o desprezamos porque não acreditamos em nossa capacidade de concretizá-lo.

Um dos principais segredos para mudar é reconhecer e confiar em nossa capacidade de fazer alguma mudança, e de mantê-la. Se não acreditamos nisso, não podemos nem tentar mudar e não descobriremos nossas novas habilidades para fazer milagres. Mas, com base nessa crença, compreendendo como os milagres acontecem, podemos começar imediatamente a usar nosso potencial interno e a fazer as mudanças que pretendemos.

Para fazer uma mudança precisamos perseverar
e nos comportar como se milagres fossem realmente possíveis.

Em todos os meus workshops sobre o sucesso, a procrastinação aparece no topo da lista de bloqueios que impedem as pessoas de prosseguirem. Elas querem mudar, mas, de alguma forma, não conseguem. Depois de alguns passos à frente, são detidas por alguma força misteriosa que as impede de avançar. Ficam presas na areia movediça emocional. Quanto mais lutam e tentam mudar, mais elas afundam e se prendem. Quase todas as pessoas se identificam com isso de alguma maneira. A menos que aprendamos primeiro como é possível mudar, continuaremos a nos debater em silêncio, ou desistiremos por completo de fazer qualquer mudança significativa.

Toda a vida é dinâmica e exige mudança, e atualmente o ritmo é muito mais acelerado do que antes. Sem uma nova e melhor abordagem de como acompanhar essas modificações, estamos condenados a sofrer ainda mais. Mas o lado positivo é que, aplicando alguns princípios novos para efetuar a mudança, a vida pode, de fato, ficar mais fácil. Subitamente, em vez de lutar e sofrer, descobrimos que estamos fluindo sem esforço pela vida, providenciando os ajustes necessários não só para enfrentá-la, mas para transformar nossos sonhos em realidade. Em vez de tentar remar contra a maré, navegamos alegremente com a correnteza.

Muitas vezes, em nossos relacionamentos, resolvemos ser mais carinhosos. Então, nosso companheiro ou companheira diz ou faz alguma coisa, e ficamos, mais uma vez, diante de uma série de motivos para não querer tentar de novo ou nos abrir. Podemos amar nosso companheiro, mas não sentimos mais esse amor tão profundamente. A maioria dos casais começa querendo compartilhar uma vida de paixão e mais tarde não entende por que essa paixão acabou. Alguns se contentam com um amor mais tradicional – leal mas sem paixão – porém a maioria não, por isso a insatisfação e o divórcio têm aumentado.

A maioria dos casais começa querendo compartilhar uma vida de paixão e mais tarde não entende por que essa paixão acabou.

Em nossa vida profissional, resolvemos ser mais eficientes e avançar nas áreas que procrastinamos, mas acabamos retrocedendo outra vez. Quando temos sucesso, ganhamos mais dinheiro, mas passamos a dever mais ainda ou ficamos mais estressados, e por isso não podemos tirar proveito da abundância que criamos. Muitas famílias se desestruturam com o estresse e as pressões de manter tudo funcionando ou de resolver tudo. A vida simples, de poucas mudanças por dia, acabou. O trabalho agora é feito com a velocidade da luz e, se você não conseguir acompanhar, perde o trem para sempre.

Esse estresse cobra um preço, não só dos nossos relacionamentos, mas do nosso corpo também. Fazer uma refeição numa lanchonete de vez em quando não faz mal, mas, se vivemos desses lanches, adoecemos. Resolvemos fazer uma alimentação mais saudável e exercícios, mas em poucas semanas voltamos aos nossos velhos hábitos. No Ocidente, temos mais divórcios, mais dívidas e mais obesidade do que nunca.

Apesar de a medicina ter feito avanços milagrosos, as pessoas estão mais do que nunca dependentes de drogas e de médicos. Se não têm problema de excesso de peso, são dominadas por vícios comportamentais como beber ou, trabalhar demais, ou, então, sofrem de alergias e dores físicas crônicas. Na América, os três maiores problemas têm sido: dívidas cada vez maiores, violência doméstica e o custo, cada vez mais alto, da assistência médica. Esses são os sintomas da nossa incapacidade de acompanhar mudanças.

Nos relacionamentos nós acumulamos bagagem, nos negócios acumulamos dívidas e, em nosso corpo, acumulamos gordura e doenças.

Com maior ou menor intensidade, quando termina a infância, somos absorvidos pelo ritmo da vida e são poucas as mudanças verdadeiras e duradouras que acontecem. A menos que esse curso seja alterado, ele pode conduzir à dor física ou a doenças, à diminuição do sucesso ou à perda de paixão nos relacionamentos. Mudar esse curso é o que eu chamo de *milagre prático*. Esse tipo de mudança parece um milagre porque, no passado, era quase impossível fazer modificações verdadeiras e duradouras. Felizmente os tempos mudaram. Sucesso crescente, amor duradouro e saúde vibrante são milagres práticos ao alcance de qualquer pessoa.

Comecei a compreender que milagres são reais e possíveis quando testemunhei pessoalmente diversas curas físicas que a medicina moderna não conseguia explicar. Pessoas que estavam morrendo de câncer, incapazes de serem curadas pelos métodos modernos, conseguiram se recuperar milagrosamente e ficaram saudáveis de novo.

Esse tipo de milagre tem acontecido através da história e está bem documentado. No entanto, a idéia da cura milagrosa muitas vezes é desprezada, simplesmente porque a ciência não pode explicar ou porque não é fácil repetir a experiência para ser estudada. O simples fato de não conseguirmos explicar os milagres não significa que eles não aconteçam. Só porque no passado eles não podiam ser controlados ou estudados não significa que não podemos entendê-los hoje ou, melhor ainda, aprender a criá-los em nossas vidas.

Ao testemunhar muitas dessas curas e depois experimentar, pessoalmente, uma cura física milagrosa da cegueira em meu olho esquerdo, minha mente subitamente se abriu para o fato de que os milagres são verdadeiros. Aconteceram ao longo da história e estão acontecendo hoje. Não ocorrem apenas na área da saúde, mas em todas as áreas da vida.

Em minha busca da compreensão e da explicação de como acontecem os milagres, descobri que os mesmos princípios que criam uma cura física podem aumentar o sucesso e gerar relacionamentos com mais amor. Também aprendi que milagres podem ocorrer mesmo quando os problemas não são enormes ou representam risco de vida.

> Quando compreendemos como as curas milagrosas acontecem, fica fácil entender como os milagres podem acontecer em todas as áreas da vida.

Milagres acontecem o tempo todo, só que normalmente chamamos isso de sorte. Contudo, atribuir nossos sucessos ao acaso implica não termos controle sobre as coisas boas que vivenciamos. A verdade é que existem motivos para as coisas boas acontecerem. Escolhas são feitas e os resultados acontecem. Quando os resultados são bons, e não sabemos como fizemos, então chamamos de sorte. Só chamamos de sorte porque não entendemos muito bem como nossas crenças, nossos sentimentos, pensamentos, atitudes, escolhas e atos determinam todos os resultados que conseguimos na vida.

Quando entendemos como as pessoas pensam, o que sentem e assim por diante, antes de um milagre ou "golpe de sorte", podemos aprender como fazer milagres práticos em nossa própria vida. Em todo *Milagres práticos para Marte e Vênus* vamos explorar e entender nove princípios que, se obedecidos, podem nos ajudar a criar os resultados que queremos na vida. A boa sorte não dependerá do acaso ou do destino, mas pode ser algo que geramos conscientemente a cada dia.

O EFEITO PLACEBO

Muitas vezes, quando acontecem milagres, as pessoas atribuem a boa sorte à fé profunda ou ao poder da sugestão. A fé tem um poder incrível mesmo. No entanto, a crença positiva ou otimismo não basta. É apenas um dos nove princípios para a criação de milagres práticos.

Quando uma cura milagrosa acontece, às vezes, depois de algumas semanas, o alívio ou a cura desaparecem e os sintomas da doença retornam. Por isso, médicos e cientistas em geral desconfiam de curas súbitas e milagrosas. Eles reconhecem que essas curas acontecem, mas acham que, na maioria dos casos, a melhora é temporária, e que a doença não foi realmente curada.

Em vez de ficarmos imaginando "Será que curas milagrosas acontecem realmente?", devíamos perguntar "Como e por que a fé cura e por que às vezes a cura é temporária?"

E a seguir podemos perguntar: "O que pode ser feito para aquela doença ou aqueles problemas não voltarem?"

Depois que entendemos os nove princípios para criar milagres, fica claro o motivo dessas curas acontecerem, por que se desfazem e como torná-las permanentes. Com esse conhecimento, podemos aprender a nos manter saudáveis e, antes de mais nada, a evitar as doenças e a dor.

A natureza temporária das curas, transformações ou mudanças milagrosas está bem documentada pela ciência. É chamada de efeito placebo. Muitas vezes os pacientes melhoram, simplesmente por acreditar que vão melhorar. Estudos demonstraram, repetidamente, que algumas pessoas melhoram mesmo quando tomam um simples comprimido de açúcar, sem nenhum remédio ou ingrediente ativo. A fé absoluta que elas têm de que a doença ou os problemas estão sendo tratados cria uma cura temporária.

O efeito placebo aparece também em outras situações. Quando ouvem um discurso de motivação de um orador ou pregador, as pessoas subitamente se sentem inspiradas a fazer mudanças positivas para aumentar o sucesso ou para viver mais plenamente o amor. Apesar de saírem muito animadas, elas perdem logo esse estímulo e não conseguem prosseguir com a mudança.

Não é incomum que as pessoas que adquirem equipamento para fazer exercício, depois de assistir a um comercial na televisão à noite, raramente usem esses produtos depois de algumas semanas. Muitas nem abrem as caixas. Há algum equipamento em sua casa que você não usa? O entusiasmo acaba rapidamente, para a maioria de nós. Enquanto algumas pessoas continuam encomendando a última novidade, outras logo desconfiam ou desprezam as propagandas milagrosas. Qualquer coisa que promete um efeito imediato ou que provoca alguma mudança milagrosa, em geral, é vista como um capricho ou um truque, que, na verdade, não funciona. Como acontece com qualquer outro placebo, se acreditamos, o milagre começa... mas a crença não basta para sustentá-lo.

> Quando a mudança não se mantém,
> muita gente se cansa e deixa de acreditar.

Muitas pessoas sentem o efeito placebo em relação ao amor. Assim que conhecem alguém, elas são dominadas pela emoção. Então, depois de algumas semanas ou alguns anos, elas se decepcionam. Num minuto elas se apaixonam e mais tarde deixam de amar. Tais experiências, do ponto de vista delas ou de quem elas amam, fazem com que desconfiem dos próprios sentimentos ou da atenção e do afeto dos outros.

Quando temos certeza de ter encontrado a pessoa dos nossos sonhos, nos apaixonamos. Primeiro achamos que é a pessoa certa, depois vem a paixão. Essa paixão ocorre quando nosso coração está aberto para a possibilidade de finalmente termos encontrado quem estávamos procurando. Mas, quando conhecemos bem a pessoa e deixamos de achar que é o par ideal, paramos de amá-la.

Ironicamente, quando nos apaixonamos, em geral, é por alguém que nem conhecemos, ou com quem interagimos muito pouco. Mas, se acreditamos que é a pessoa certa, reagimos como se realmente tivéssemos encontrado nossa alma gêmea. De repente, toda a nossa solidão e sofrimento desaparecem, pelo menos por um tempo. É por isso que a paixão pode ser tão libertadora. E também explica por que o fim do amor pode ser uma decepção tão grande. Quando paramos de acreditar que o nosso parceiro é a pessoa certa para nós, todo o sofrimento não resolvido do passado que foi atenuado pela paixão, retorna subitamente.

O problema de acreditar e ficar desapontado diversas vezes é que paramos de acreditar que podemos ter o que precisamos e que podemos transformar nossos sonhos em realidade. O resultado disso é que a vida fica aborrecida e perde o brilho. Ficamos encurralados e muitas vezes aceitamos essa vida sem graça como um sintoma natural da idade. Felizmente não é.

Para criar e curtir um amor duradouro, sucesso cada vez maior e saúde vibrante, precisamos continuar acreditando. Mas é necessário também reconhecer que acreditar na possibilidade de milagres é apenas um dos muitos princípios indispensáveis para criar e manter as mudanças práticas em nossa vida. Sem a compreensão dos outros princípios necessários, paramos de acreditar no poder da fé.

Quando deixamos de acreditar na possibilidade da mudança positiva, não temos o poder de mudar. Com uma nova consciência dos outros fatores que fazem com que a fé crie resultados persistentes, ficamos livres para acreditar outra vez. Passamos a enxergar com facilidade o que estava faltando antes e somos capazes de repor essas peças que faltam e, assim, manter todos os nossos desejos de mudança. Com essa transformação, conquistamos mais uma vez a liberdade de sentir o poder e o deslumbramento de abrir nossas mentes e nossos corações para as verdadeiras possibilidades de mudança e de transformação.

O problema de só acreditar é que depois de repetidas decepções nós paramos de acreditar.

O otimismo é a base da inspiração duradoura. A mudança só pode começar, e depois ser mantida, se continuamos a acreditar. Sem esperança, não temos motivação. Sem esperança, nunca vamos plantar as sementes do nosso sucesso e, em vez disso, vamos nos conformar com o que já temos. Nós nos resignamos com a fé limitada de que isso é o máximo que vamos conseguir. Existe um certo consolo nessa aceitação, mas não tem paixão e não há milagres.

OS LIMITES DA LEI NATURAL

Desenvolver o poder de fazer milagres práticos não significa que você possa fazer qualquer coisa ou fazer qualquer coisa acontecer. A ciência nos ensina que tudo no universo segue certas leis naturais. Ao mesmo tempo, a ciência também admite que não entende *completamente* as leis naturais que governam tudo à nossa volta. Mas o fato de mais ser possível não quer dizer que qualquer coisa é possível.

Por exemplo, você não pode curar um osso quebrado em um dia, mas, se alguém está com uma fratura e não está melhorando, você pode estimular e despertar a capacidade natural de cura dessa pessoa. O resultado será que o osso vai começar a se restaurar do mesmo jeito que se restauraria numa pessoa mais saudável.

Milagres práticos para Marte e Vênus explica os princípios que vão modificar sua vida, em todas as áreas, através da atualização de suas crenças, sentimentos, pensamentos, atitudes e assim por diante. Com a mudança no seu mundo interior, você poderá influenciar de forma mais eficaz o mundo exterior, seus relacionamentos e seu corpo.

Mesmo com poder milagroso, você não pode fazer com que todos os relacionamentos funcionem. Você não pode satisfazer a todos, nem ficar satisfeito com todo mundo. Existem limites definidos. Você não pode continuar a tomar veneno e continuar saudável. Não é possível manter o sucesso ou a realização pessoal em sua carreira se não é esse o desejo de sua alma.

Por outro lado, você pode viver o relacionamento que considera certo para você e mesmo assim ter problemas, por não estar usando seu potencial milagroso para criar um amor duradouro. Você pode estar seguindo a carreira certa e mesmo assim não ter sucesso, só porque não está usando o seu poder milagroso para aumentar seu sucesso. Você pode estar comendo alimentos saudáveis, e fazendo outras coisas boas para o seu corpo e o seu espírito, mas, se não estiver usando seu poder milagroso para criar uma saúde vibrante, mesmo assim pode adoecer.

POR QUE ALGUMAS PESSOAS FICAM CURADAS E OUTRAS NÃO?

Todo médico ou especialista em cura fica frustrado em algum momento, porque o que funciona para alguns não funciona o tempo todo ou com todos os pacientes. *Milagres práticos para Marte e Vênus* responde a pergunta que muitos médicos, conselheiros e especialistas em cura fazem: "Por que algumas pessoas ficam curadas e outras não?" Com essas novas descobertas tudo fica claro. E assim podemos começar a entender com facilidade que o paciente ou cliente não está utilizando todo o seu potencial para o sucesso, o amor e a saúde.

> Todo médico ou especialista em cura fica frustrado
> em algum momento, porque o que funciona
> para alguns não funciona o tempo todo.

É ingenuidade pensar que tudo é possível, mas uma fé saudável em milagres é admitir que nós nunca sabemos com certeza o que é possível e o que não é. Uma coisa que sei com certeza, baseado nesse estudo dos milagres, é que muito mais do que somos capazes de imaginar é possível. Mas com essa abertura para todas as possibilidades também temos de aceitar que existem limites. Estamos abertos às possibilidades, mas só confiamos mesmo no que experimentamos diretamente.

A verdade é que tudo que observamos é milagroso, desde os mais recentes avanços tecnológicos até a extravagante bonança das maçãs que nascem de uma única semente. Quando você corta o dedo e seu corpo promove a cura, isso é um milagre. No entanto, logo que esses milagres se tornam comuns em nossa vida, deixamos de considerá-los milagres. As mudanças que você vivencia, mediante a utilização das nove técnicas para a criação de milagres práticos, no início parecem milagrosas, mas, com o tempo, à medida que você vai se acostumando com seu novo poder, elas logo lhe parecerão normais e naturais.

VENENO CONTINUA SENDO VENENO

Poderes milagrosos não podem transformar alimentos pouco saudáveis ou venenosos em alimentos adequados para você. Veneno continua sendo veneno, mas você pode se afastar da influência dele. Através da cura da sua doença você se liberta para tentar conseguir o que é bom para você. Com a cura vem a sabedoria para discernir o que é certo para você e obter a motivação correta para efetuar a mudança.

Quando você cura a causa de um problema, o desejo por alimentos ou de viver situações pouco saudáveis diminui. Da mesma forma, só que ao contrário, quando ingere alguma coisa que não faz bem para você, sem se curar, o desejo de repetir aquela atividade aumenta. Sem aprender como fazer milagres práticos, as pessoas ficam bloqueadas por muitos anos, tentando inutilmente modificar os maus hábitos.

Sem aprender como fazer milagres práticos, lutamos anos e anos tentando modificar os maus hábitos.

Nós não temos o poder de modificar o valor intrínseco das coisas, mas temos o poder de mudar o que desejamos. Se você deseja veneno e está sob a influência de uma necessidade, uma compulsão ou um vício doentio, modificar esse desejo é um milagre prático. Melhor dizendo, você tem o poder de se libertar do jugo desses desejos insalubres ou falsos e de recuperar o gosto pelos desejos naturais e saudáveis.

Um dos maiores milagres práticos que vivenciei pessoalmente foi a capacidade de acabar com necessidades, compulsões e tendências ao vício. Quando desenvolvemos esse poder, a vida fica muito mais fácil e muito mais gratificante.

Por exemplo, se você passou a vida toda detestando salada, é mesmo um milagre não só desejar comer uma como ter o maior prazer em fazê-lo. Se você passou a vida inteira se aborrecendo ou se sentindo magoado quando não conseguia o que queria, é maravilhoso acabar com essa tendência compulsiva que exige que a vida seja perfeita.

Você vai descobrir, lendo *Milagres práticos para Marte e Vênus*, que este novo milênio é um tempo de mudanças aceleradas. Se abrir sua consciência para as novas possibilidades que existem, você poderá começar a efetuar as mudanças consideradas impossíveis. Imbuído da nova consciência dos nove princípios para fazer milagres práticos, e equipado com as novas ferramentas e técnicas práticas, você vai começar a perceber esse novo potencial. Está ao alcance de qualquer pessoa assumir o controle do próprio destino e, independente dos erros ou limitações do passado, começar hoje mesmo a criar um amor duradouro, sucesso cada vez maior e saúde vibrante.

JOHN GRAY
3 de maio de 2000

1

MILAGRES PRÁTICOS PARA MARTE E VÊNUS

Caminhar sobre a água certamente é um milagre, mas caminhar em paz pela terra é um milagre ainda maior. Transformar água em vinho é assombroso, mas é mais prático transformar uma carência prejudicial num desejo saudável. Ressuscitar os mortos é obviamente uma demonstração do poder de Deus, mas curar a dor de barriga da sua filha ou acabar com uma dor de ouvido também é, e melhor ainda é se sentir muito saudável para nem ficar doente. Esse poder de fazer milagres práticos agora está ao alcance de qualquer pessoa.

A humanidade tem esperado muito pelo momento especial em que a nossa capacidade de fazer milagres seria realidade. Todos os grandes líderes e profetas religiosos previram esse momento. Nos últimos cinqüenta anos, a incrível velocidade das mudanças, provocadas por novas tecnologias e pela televisão, literalmente transformou a consciência do mundo. Assim como a alvorada precede o aparecimento do sol, os últimos cinqüenta anos anunciaram o brilho iminente e a luz radiante do nascer do sol para uma nova era da humanidade.

As dramáticas mudanças espirituais do Ocidente, inspiradas pelo papa e por outros líderes religiosos, ou pelos textos inspiradores dos livros de auto-ajuda que dominam as listas dos mais vendidos (e muitos outros que não estão nas listas), refletem essa consciência crescente da necessidade de mudança e dos diferentes modos de realizar essa mudança. Essas mudanças não são só de natureza espiritual; elas também têm ocorrido em todos os segmentos da sociedade secular. As radicais mudanças sociais, políticas, econômicas e da saúde que aconteceram num período tão curto de tempo não têm precedentes na história. Nunca antes tantas mudanças aconteceram num tempo tão curto, e nunca tanto conhecimento e tanta informação estiveram à disposição do público.

Nem todas essas mudanças são necessariamente boas, mas foram necessárias para trazer à baila o que há de melhor ou mais útil para esclarecer o nosso novo potencial. Às vezes temos de ir para a esquerda para compreender que na verdade precisamos ir para a direita. Os erros fazem parte da curva do aprendizado. Mudar para pior, e claramente reconhecer a futilidade dessa mudança, pode servir de catalisador para criar uma mudança radical para melhor. É evidente que a demonstração da visão unilateral extrema de Adolf Hitler revelou ao mundo os perigos de se acreditar que existe uma raça superior, um modo de pensar e um comportamento superior aos outros. Essa mudança fundamental do pensamento unilateral para a visão do que há de bom em tudo e em todos serviu para abrir a porta do progresso e da transformação acelerada.

Em termos simples, o que torna única essa nova era é que as pessoas agora têm o potencial para experimentar a presença e o poder de Deus em seus corações e, conseqüentemente, as mudanças aceleradas se tornam possíveis. Com essa modificação, a humanidade finalmente é capaz de "criar o paraíso na Terra", e um mundo de paz, amor, saúde e prosperidade para todos.

Nos tempos bíblicos, Jesus falou de uma era em que as pessoas teriam a capacidade de compreender a verdade e até superar as maravilhas feitas por Ele. Falava do nosso novo potencial de criar milagres práticos. Buda também falou de um tempo em que a humanidade se livraria do sofrimento criado pela ignorância. Moisés falou da Terra Prometida, com leite e mel, e da salvação de seu povo. Os grandes líderes de todas as crenças, no Oriente e no Ocidente, antigos e novos, previram uma era de paz, amor, justiça e prosperidade universais. Para alguns, as antigas previsões significavam o fim do mundo como o conhecemos. Mas para todos, é o começo de algo muito especial. Esse momento especial finalmente chegou – é agora, não daqui a cinco ou vinte anos. A mudança já aconteceu. Para dar valor a essa mudança, temos simplesmente de começar a usar o nosso novo potencial. A humanidade esteve se preparando milhares de anos, para essa mudança. Ela é parecida com o processo de amadurecimento de uma fruta. Num certo momento, a pêra, que cresce aos poucos e se desenvolve com o tempo, de repente fica madura. Você sente a doçura da fruta quando simplesmente a colhe na hora certa e, com uma leve torção, ela se desprende do galho. Antes daquele momento em que ela amadurece é difícil arrancá-la do pé e quando a provamos não está macia, nem tão doce.

Da mesma forma, o que antes era difícil ou até inatingível para a maioria, agora está ao alcance de todos. Esse reconhecimento se baseia em experiência direta, na simples observação do que está acontecendo agora, e não numa visão psíquica do futuro.

Nos últimos vinte e oito anos, além de dar aconselhamento e ensinar sobre relacionamentos, eu pratiquei e ensinei, com sucesso, diversas técnicas de cura e de meditação com as quais as pessoas conseguem aumentar a realização pessoal e o sucesso na vida. Hoje em dia, em meus workshops, os resultados imediatos, que até os iniciantes obtêm, praticando a cura e a meditação, estão anos-luz à frente do que os participantes conseguiam alguns anos atrás. A maioria realiza em um dia um nível de resultados que, de muitas formas, se iguala ao que levei vinte e cinco anos de muita prática e disciplina para alcançar.

DE MONGE A MILIONÁRIO

Quando tinha meus vinte anos, apesar da minha fé fundamental ser – e ainda é – a cristã fui um monge hindu celibatário durante nove anos. Minha prática comum era passar mais de dez horas por dia meditando. Levava uma vida muito simples, e muitas vezes comia apenas um prato de comida por dia. Como costuma ocorrer com o comportamento de qualquer devoto, quanto mais pratica, melhor fica. Eu me tornei um especialista em meditação depois de cerca de oito anos, mas foram necessários outros vinte de prática regular, para as minhas experiências despertarem meu potencial interior de criar milagres práticos. Esse esforço dedicado não é mais necessário. Em apenas poucas semanas de prática bem fácil, os participantes dos workshops e os clientes de hoje conseguem atingir muitos dos benefícios e resultados que eu levei 29 anos para sentir.

Os benefícios práticos da meditação não se limitam a conquistas espirituais ou à paz mental. A meditação avançada e as práticas de autocura também podem despertar definitivamente o nosso potencial para o sucesso, o amor e a saúde. Não deixe a palavra "avançada" assustar você e afastá-lo das práticas que vou sugerir. As técnicas avançadas são as mais fáceis. O principal motivo de as pessoas perderem o interesse pela meditação é que apenas lhes ensinam as técnicas de principiantes. Em conseqüência disso, o aprendizado torna-se sem graça, entediante e difícil. Quando você aprende as técnicas avançadas, o processo se torna interessante e divertido, e você sente resultados concretos.

Quando eu tinha aulas de caratê, aos nove anos, tive a sorte de ter um mestre que se afastou dos antigos ensinamentos que diziam que devíamos começar aprendendo os primeiros movimentos. Fomos direto para os movimentos mais adiantados, que eram estimulantes e apropriados, e prendiam a minha atenção. No passado, as pessoas precisavam dos exercícios de principiantes, mas hoje não mais.

Isso é verdade também nas aulas de piano. Uma criança precisa de todos os movimentos e exercícios iniciais. Aos 45 anos, resolvi que queria aprender a tocar piano. Descobri um professor disposto a pular toda a prática de principiante e a ensinar a técnica avançada. Em uma semana eu já tocava minhas músicas preferidas de *Os miseráveis*. Permaneci interessado durante todo o processo e, em seis meses, eu tocava vinte das minhas músicas favoritas.

Como você já está adiantado e apenas não sabe disso, quando aprende as técnicas avançadas de meditação, sente imediatamente os benefícios que no passado teria levado a vida inteira para conseguir. É claro que há muitos outros fatores que geram o sucesso, mas eu atribuo meu sucesso como professor e escritor ao meu domínio da meditação e da oração. A habilidade transformacional mais importante que aprendi nos meus trinta anos de pesquisa foi a prática regular da meditação e da oração. Para manter o sucesso no trabalho e ao mesmo tempo cultivar o convívio familiar e um corpo saudável e em forma, é preciso ter uma sólida base espiritual e muita experiência. Como fiz da espiritualidade prioridade absoluta, o resto da minha vida floresceu.

Para ter sucesso financeiro, cultivar o convívio familiar e manter um corpo saudável e em forma, é preciso ter uma sólida base espiritual.

Em minha jornada, segui literalmente a mensagem de Jesus: "Busque primeiro o reino dos céus e tudo o mais lhe será dado." Ao descobrir minha conexão com Deus, dentro de mim mesmo, consegui ter acesso a um tremendo poder criativo de mudança. Essa simples mensagem é a base da criação dos milagres práticos. A mesma mensagem é mencionada em todas as religiões, mas este é o momento em que a sua verdade inerente se torna disponível para todos, num sentido pragmático.

Na famosa oração cristã "Pai Nosso", Jesus ensina seus discípulos a dizerem a Deus: "Venha a nós o Vosso reino." Ele quer dizer que não é necessário adiar a experiência do céu para depois da morte. Podemos trazê-lo agora para a nossa experiência diária. João Batista também anuncia a mensagem de Jesus proclamando para seu povo que "o reino dos céus está próximo".

Embora essas mensagens tivessem dado esperança às pessoas, Jesus claramente ensinou ao Seu povo que eles ainda não estavam preparados para entender Seus ensinamentos, mas que um dia entenderiam, e então também poderiam operar milagres. Como esse dia chegou, os poderes espirituais e práticos, antes só alcançados por alguns poucos eleitos, subitamente passam a ser fáceis de conquistar. No passado, era preciso se afastar da vida e fazer muitos sacrifícios para ter uma simples idéia do verdadeiro amor e poder espiritual. Agora, tudo que precisamos é de um bom mestre e da aplicação de novas habilidades e princípios adequados a essa nova era de milagres.

TESTEMUNHANDO MILAGRES PRÁTICOS

Comecei a compreender que milagres eram realmente possíveis quando vivenciei e testemunhei a cura e a recuperação de uma doença. Quando pacientes eram desenganados, testemunhei curas milagrosas provocadas pela mudança do estilo de vida, pela medicina alternativa e por modificações dietéticas. O que foi mais espantoso ou miraculoso para mim foram os benefícios obtidos com a "cura pela energia" ou a "cura espiritual". Depois de ver isso com meus próprios olhos, passei a entender que milagres acontecem o tempo todo, em todas as áreas da vida. Agora, quando me lembro disso, considero todo tipo de cura – seja mediante um transplante de coração, pela acupuntura, pela mudança na dieta ou por intermédio de uma pessoa que cura espiritualmente como milagres. Os milagres vêm de formas diferentes e afetam a nossa vida de modos diferentes.

Um milagre não é apenas uma cura física. Um milagre pode ser uma cura física, ou pode significar um desbloqueio emocional a partir do qual a pessoa subitamente reconhece em si uma capacidade maior de sentir amor pelos outros ou por ela mesma. Para aqueles que sentem dores ou estão doentes, os milagres são a cura da dor física. Durante uma sessão de cura por energia, a dor crônica muitas vezes simplesmente desaparece e nunca mais volta.

Para outros, a cura significa a motivação repentina e a capacidade de fazer algumas modificações dietéticas saudáveis, e depois perder o excesso de peso. O resultado é que seus corpos acabam melhorando com o tempo e a dor vai embora aos poucos. Um milagre prático costuma livrar as pessoas do que as está impedindo de serem mais amorosas, de terem mais sucesso e mais saúde. Esse processo se desdobra em estágios gradativos. Os problemas não são todos resolvidos por milagres, como num passe de mágica, mas os bloqueios que nos impedem de resolver esses problemas com responsabilidade começam a desaparecer, um de cada vez, e dia a dia.

Os dias de luta, durante anos, contra os maus hábitos ou comportamentos limitantes acabaram. Isso não significa que as pessoas agora possam viver sem médicos, sem conselheiros, nutricionistas e outros profissionais. A cura da energia natural, que nasce do exercício do seu próprio poder de criar milagres práticos, funciona em conjunto com a boa medicina, nutrição e estilo de vida. A cura natural com a energia aprimora a eficiência de qualquer tratamento que você estiver seguindo ou que precise seguir.

Eu sei que é difícil acreditar nisso. Para mim ainda é espantoso. Na experiência que tive nos últimos trinta anos, ensinando em workshops, esse tipo de cura rápida não aconteceu. Houve notícias ocasionais de mudança milagrosa, mas não para todos. Certamente quase todas as pessoas que se curaram ficaram inspiradas, mais felizes e motivadas, mas em muitos casos o resultado não durou muito. A euforia que sentiam pelo fato de passarem muitos dias juntos, concentrados no crescimento, era seguida rapidamente por uma depressão. Era muito comum também que aqueles que fracassavam atribuíssem a culpa a eles mesmos e acabassem decepcionados com o próprio potencial pessoal.

Embora a experiência do amor e do poder novos fosse real, depois de alguns meses, muitas descobertas, curas e experiências perdiam a nitidez, como um sonho no momento que despertamos. Quando percebi isso, parei de fazer longos workshops transformacionais, e passei a me concentrar em alguns mais curtos e em seminários que transmitissem, imediatamente, informações úteis e eficientes como as idéias contidas em *Homens são de Marte, mulheres são de Vênus*.

A CURA DA CEGUEIRA

Em 1993, quando o meu sucesso na vida estava crescendo dramaticamente, atingindo um novo nível, e meus sonhos de ajudar o mundo se tornavam realidade, eu tive uma infecção ocular. Estava de férias em outro país e fui contaminado, sem saber, ao ingerir a comida, por algum parasita que ataca os olhos e provoca a cegueira. Em poucos meses fiquei clinicamente cego do olho esquerdo. Enquanto a visão diminuía, a minha vida tornava-se muito lúgubre. Em dias chuvosos ou noites muito escuras, eu nem conseguia dirigir com segurança. Para me animar, eu lembrava sempre que este era apenas mais um desafio e que, se o enfrentasse, ele poderia se transformar numa dádiva. Todos os outros reveses na minha vida tinham, com o passar do tempo, me redirecionado e trazido novas forças. Um dia a minha cegueira faria a mesma coisa.

Procurei ajuda dos maiores especialistas do mundo. Durante um processo frustrante de seis meses, fui examinado e ouvi o diagnóstico de mais de dezesseis especialistas. Infelizmente, havia pouco que pudessem fazer. O meu estado foi ficando cada vez pior.

Depois de uma luta contra a depressão, usando minhas ferramentas de tratamento emocional, fui aos poucos atingindo um estágio maior de paz e de aceitação. Ao mesmo tempo, eu ainda tinha estímulo para encontrar uma cura. Enquanto isso, promovi uma mudança em meu estilo de vida e resolvi parar de trabalhar para começar a fazer o que eu queria na vida.

CURA NATURAL

Meu novo livro na época, *Homens são de Marte, mulheres são de Vênus*, estava vendendo muito bem, por isso me presenteei com um lindo carro novo, muito veloz. Isso pode não parecer uma grande mudança para muitas pessoas, mas foi para mim. Estava acostumado a viver dentro das minhas possibilidades, e não possuía muitas coisas caras ou extravagantes. Além disso, minha mulher e eu sempre procuramos respeitar o meio ambiente e o carro que eu queria era um grande consumidor de gasolina.

Minha mulher ficou surpresa quando mencionei que ia sair para comprar esse carro. Expliquei a ela que era o que eu queria e, como tínhamos recursos, eu o faria. Quando eu lhe disse que o carro era preto, ela comentou:

– Preto não é uma boa cor para carro. Você terá de lavá-lo toda semana. E eu sei que você não vai querer fazer isso.

– Tudo bem – eu respondi imediatamente. – Eu quero um carro preto, bem veloz e sujo.

Uma semana depois de ter comprado o carro, fizemos uma viagem de ida e volta pelo norte da Califórnia, até o Oregon. Respiramos ar puro, caminhamos pelas florestas, nadamos nos lagos, meditamos ao ar fresco da montanha e íamos dormir à hora que queríamos. Eu dirigia o carro em alta velocidade pelas largas auto-estradas cercadas de vistas panorâmicas. Essa experiência celestial atenuou o estresse da minha vida, provocado pelo estado do meu olho. Eu já tinha me amofinado bastante. Era hora de seguir em frente. Depois de cinco dias na estrada, comecei a notar que o ar parecia muito mais limpo. Então percebi que a visão do meu olho esquerdo não estava mais embaçada, que começava a melhorar.

Foi um milagre. Quando chegamos em casa, eu havia recuperado grande parte da visão. Seguindo meu coração e me conectando com a natureza de modo relaxado, tranqüilo e alegre, a capacidade natural de cura do meu corpo despertou. Era uma cura espontânea.

No entanto, essa cura não aconteceu só por acaso ou por pura sorte. Havia motivos bem claros e definidos para acontecer. Mais tarde eu compreendi a importância de fazer o que se quer na vida e passar algum tempo em contato com a natureza para que a autocura ocorra. Fazendo aquela viagem e todas as coisas de que gostávamos, eu estava dando a mim mesmo elementos que faltavam na minha vida, de forma que o poder natural do meu corpo pudesse despertar nos meus olhos. Apesar de muitos outros elementos serem também necessários para termos uma saúde vibrante, para mim, particularmente, os ingredientes de que meu corpo precisava para se curar foram adquiridos naquela viagem e tornaram possível aquele milagre prático de cura.

Todos nós temos diversas necessidades importantes na vida. Quando não atendemos a essas necessidades, ficamos doentes, nossos relacionamentos sofrem, ou nosso sucesso no trabalho fica prejudicado. A falta de apenas uma das nossas necessidades pode provocar uma estagnação, que nos impede de seguir em frente. Quando consciente ou inadvertidamente atendemos a essas necessidades, acontece a cura espontânea ou um milagre.

Se lutamos para descobrir uma cura ou a solução de um problema e nada funciona, em geral é porque estamos olhando para a direção errada. Quando um quarto está escuro, você não precisa lutar contra a escuridão ou desenvolver óculos especiais para enxergar no escuro se, em vez disso, simplesmente acendemos a luz, a escuridão desaparece. É assim que os milagres funcionam.

Quando você supre a necessidade, então o que você quer acontece espontaneamente e o problema simplesmente desaparece. O jardineiro não faz nada para transformar a semente em árvore. É a mãe natureza que o faz. Dentro da semente está o desenho perfeito da árvore. Trabalhando em harmonia com a natureza, o jardineiro provê a terra adequada, água, ar puro e luz do sol. Automaticamente, a natureza pode fazer seus milagres, e a sementinha minúscula acaba crescendo e se transformando numa árvore. Sem a ajuda do jardineiro, aquela sementinha continuaria a ser uma sementinha num saco, esperando pacientemente para ser plantada. Os milagres práticos acontecem quando trabalhamos em conjunto com a natureza para produzir um resultado específico.

O que distingue o milagre prático do que é normalmente considerado milagre não é apenas o benefício prático que ele oferece, mas também o modo que é criado. Tradicionalmente pensavam que os milagres eram para quem tinha sorte. As pessoas que os vivenciavam simplesmente supunham que tinham sorte, e aquelas que não o conseguiam supunham, erroneamente, que não tinham sorte. O que é pior, quando uma pessoa não consegue uma cura milagrosa é que ela pode se enganar e concluir que, de alguma forma, não merece a cura, ou que Deus a está punindo pelos erros do passado.

Milagres práticos desfaz esse mito e abre a porta para a compreensão lógica das condições definidas que permitem a realização de um milagre prático específico. Os milagres simplesmente não acontecem para uns e para outros não. Eles ocorrem quando condições específicas são criadas. Como uma semente, com os minerais certos, água, ar e sol, qualquer pessoa, não importa quem seja ou o que tenha feito no passado, pode começar a criar milagres práticos.

2

RECONHECENDO NOSSO NOVO POTENCIAL

Com a chegada do século XXI, a humanidade deu um enorme salto. É como se um véu subitamente fosse tirado, e o que era difícil antes de repente ficasse muito fácil. A capacidade de criar mudanças aceleradas está agora ao alcance de qualquer pessoa. Mas para ter acesso e desenvolver esse novo potencial, é necessário primeiro que nos conscientizemos de que ele existe. Sem esse reconhecimento e essa compreensão do nosso novo potencial, não vamos nos dar ao trabalho de desenvolvê-lo. Com este livro, você descobrirá que para desenvolver esse potencial é preciso começar a usá-lo.

Acabaram os dias de busca do seu potencial. Ele está aqui. A história está repleta de tentativas de encontrar a verdade e de divisar o nosso potencial. Agora finalmente chegou o momento e nosso novo desafio é começar a utilizá-lo. É como se estivéssemos pesquisando para comprar o carro certo e agora tivéssemos encontrado. Nossa nova tarefa é ligar o carro e sair por aí dirigindo. No passado, o desejo mais comum das almas era encontrar Deus, mas hoje em dia o que nossa alma deseja é trazer Deus para este mundo.

Não há mais nenhum caminho árduo em busca do nosso potencial. Ele está bem aqui. Para ter acesso a ele, precisamos deixar de lado convicções ultrapassadas e hábitos do passado. Uma vez erguido o véu e disponibilizado o nosso potencial interior, podemos realizar a tarefa de desprezar convicções e hábitos desatualizados simplesmente nos comportando como se tivéssemos esse novo poder. É simples assim. Os nove princípios básicos para criar milagres práticos vão ajudá-lo a concretizar essa mudança. Permita que esses nove princípios sejam as estrelas que guiam a sua bússola quando escolher a direção que tomará na vida. Eles são:

1. Acredite que milagres são possíveis (e deixe seus atos e suas reações refletirem essa certeza).
2. Viva como se fosse livre para fazer o que quiser (e deixe seus atos e suas reações refletirem essa nova liberdade).
3. Aprenda como se fosse um principiante (e deixe seus atos e suas reações refletirem essa humildade).
4. Ame como se fosse a primeira vez (e deixe seus atos e suas reações refletirem essa atitude misericordiosa).
5. Seja generoso como se já tivesse tudo de que precisa (e deixe seus atos e suas reações refletirem uma atitude de gratidão e de generosidade).
6. Trabalhe como se o dinheiro não fosse importante (e deixe seus atos e suas reações refletirem suas preferências).
7. Relaxe como se tudo fosse se resolver (e deixe seus atos e suas reações refletirem essa atitude de confiança).
8. Converse com Deus como se Ele estivesse ouvindo (e reconheça que seus atos e suas reações são enriquecidos e fortalecidos sempre que você pede ajuda).
9. Banqueteie-se como se você pudesse ter tudo que deseja (e deixe seus atos e suas reações refletirem uma atitude de abundância).

ADQUIRINDO CONFIANÇA

O segredo para despertar seu potencial interior é agir e reagir à vida como se você realmente tivesse esse potencial novo. Se você ficar esperando que alguém prove para você, ou faça por você, então estará simplesmente se desconectando do seu potencial interior. Descobrir esse potencial literalmente exige um salto da fé. Esse salto não precisa ser um tremendo risco, embora possa parecer um. Seguindo gradualmente os nove princípios de orientação e, o que é mais importante, praticando as técnicas para criar milagres práticos, você estará adquirindo tempo para gerar novas experiências e para aumentar sua confiança.

Quando praticar as técnicas e imediatamente sentir seu novo potencial interior, sua crença aumentará e o seu domínio se manifestará. É um processo gradual de aumento da confiança, bem parecido com aprender a andar de bicicleta. Quando você adquire confiança, fica fácil.

Para adquirir mais confiança novas técnicas e habilidades práticas são essenciais. Mas, primeiro, devemos nos conscientizar e começar a deixar para trás algumas das nossas convicções antigas e a nossa maneira de pensar. A menos que algumas dessas convicções limitadoras sejam reconhecidas, você não dedicará tempo à leitura e à prática das técnicas fáceis para criar milagres práticos.

Enquanto lê a lista dos nove princípios, você provavelmente sentirá muitas das suas antigas convicções e modos de pensar começando a aflorar. Essas convicções podem impedir que você desenvolva o seu novo potencial. O simples reconhecimento de que elas são limitadoras ajuda sua mente a libertar-se delas. Esses são alguns exemplos de convicções comuns e ultrapassadas. Lembre-se de que elas podem ter sido verdadeiras no passado, mas não são mais válidas hoje.

PRINCÍPIOS	CONVICÇÃO LIMITADORA
1. Acredite que milagres são possíveis.	Milagres podem acontecer para os outros, mas não para mim, ou milagres podem acontecer de vez em quando, mas não todos os dias. Eu não posso mudar.
2. Viva como se fosse livre para fazer o que quiser.	Mas eu não sou livre. Preciso me preocupar em fazer o que os outros acham bom, senão vão

	rir de mim ou me rejeitar. Só existe uma forma correta de comportamento, e, se eu quiser avançar, devo seguir essa diretriz. Preciso esconder quem eu realmente sou.
3. Aprenda como se fosse um principiante.	Não posso aprender como um principiante. Sou uma pessoa adulta e para ser respeitado preciso fingir que tenho todas as respostas. Não preciso de nenhuma ajuda.
4. Ame como se fosse a primeira vez.	Não posso amar livremente outra vez. Já fui magoada e para me proteger e não ser magoada de novo devo resguardar meu coração e me conter, a não ser que alguém realmente mereça o meu amor e a minha confiança. Não confio nos outros.
5. Seja generoso como se já tivesse tudo de que precisa.	Não posso dar mais nada ao meu companheiro (minha companheira) até receber de volta o que eu mereço. Se não me derem mais, não me sobra mais nada para oferecer. Meu amor e minha energia se esgotaram.
6. Trabalhe como se o dinheiro não fosse importante.	Não tenho a liberdade de trabalhar como se o dinheiro não tivesse importância. Preciso trabalhar para pagar as minhas contas. Não poderia ganhar dinheiro suficiente trabalhando

7. Relaxe como se tudo fosse se resolver.	no emprego que considero ideal. Não posso escolher o que gostaria de fazer. Não consigo relaxar. Tenho problemas concretos que não vão desaparecer se eu simplesmente ignorá-los. Tenho motivos concretos para não conseguir dormir à noite e para ficar estressada durante o dia. Não há nada que eu possa fazer para melhorar as coisas.
8. Converse com Deus como se Ele estivesse ouvindo.	Rezar é coisa de criança. Já rezei antes e nada aconteceu. As pessoas rezavam o tempo todo na Idade Média e a praga matou todas elas. Ninguém ouve. Meu sucesso na vida depende exclusivamente de mim. Não existem conquistas gratuitas.
9. Banqueteie-se como se você tivesse tudo que deseja.	Não posso comer tudo que eu quero. Já estou acima do peso, ou enjoada do que como. Preciso fazer sacrifícios e viver de dieta se quiser ter uma boa aparência e ser saudável. Tenho falhado.

 Esses são apenas alguns exemplos das antigas convicções ultrapassadas que governam nossa vida. Dedique algum tempo à leitura da lista dos nove princípios e reflita sobre suas convicções limitadoras que vierem à tona. Escreva cada princípio no topo de uma folha de papel e embaixo escreva todas as dúvidas e perguntas que queira fazer a respeito da praticabilidade desses princípios. Depois, à medida que você for lendo, poderá tirar deste livro a inspiração que o ajudará a desafiar e a se libertar das convicções limitadoras específicas que a bloqueiam. Aos poucos, com a leitura deste livro, volte à sua lista de objeções e compare-as com suas novas percepções e experiências.

Lembre que suas convicções limitadoras muitas vezes foram verdadeiras e válidas no passado, mas que hoje não são. Seu potencial mudou e você agora é capaz de muito mais. Os bebês ao nascer não podem sair andando de repente. Mas, quando chega a hora certa, eles começam a engatinhar e depois, com o tempo, um dia tudo muda. Num segundo eles se levantam e começam a andar. Quando é o momento certo, tudo é bem simples.

Uma criança depende do amor para sobreviver, por isso muitas vezes atender aos desejos dos pais é um mecanismo inteligente para superar os problemas, porque a criança precisa do amor deles. Mas, quando nos tornamos adultos, não dependemos mais do sustento dos nossos pais e, portanto não precisamos mais atender aos desejos deles. Somos livres para sermos nós mesmos.

Da mesma forma, essa mudança natural reflete o novo potencial que todos nós agora temos. No passado, dependíamos dos outros para conhecer a verdade, por isso tínhamos de aceitar e seguir os outros para saber o que era certo. Mas hoje somos, como novos adultos, capazes de saber o que é certo dentro dos nossos corações. Já que não somos mais tão dependentes dos outros para saber o que é verdade ou não, livrar-nos de convicções limitadoras é quase automático.

O primeiro passo é simplesmente reconhecer nossas convicções desatualizadas e questionar sua relevância no mundo de hoje. Ao questioná-las, estamos abrindo a porta para reunir novas provas que vão sustentar as novas convicções. É essa abertura que faz funcionar as técnicas usadas para criar milagres práticos. Quando você aplica as diversas técnicas e segue a orientação dos nove princípios, tudo funciona melhor se você agir com a postura científica que está testando para ver o que é realmente verdade. Permita-se questionar e duvidar, mas aja como se tivesse mesmo esse novo potencial. Dessa forma, você reunirá experiências e a sua fé passará a se basear unicamente em suas próprias experiências e não em algo que alguém lhe disse. Prove para si mesmo se você possui ou não esse novo potencial.

Deixe as descobertas e os exercícios de *Milagres práticos para Marte e Vênus* servirem de apoio para você superar as antigas convicções que lhe foram dadas inicialmente por seus pais e pela sociedade e depois confirmadas pelas suas experiências na vida. Para atualizar sua fé, dê a si mesmo a chance de gerar novas experiências. Quando assume o risco e abre sua mente e seu coração, experimentando alguma coisa nova, você desenvolve e sustenta as novas convicções atualizadas com maior eficiência, convicções estas que se baseiam em quem você é e no que você pode realizar na vida.

CRIANDO O PARAÍSO NA TERRA

O momento de criar o paraíso na Terra é este. O que nos impede de fazer isso são as lembranças de todas as vezes em que quisemos mais e falhamos. No passado, quando resolvíamos fazer uma mudança e fracassávamos ou sofríamos algum contratempo, era difícil perseverar e continuar tentando mudar. Esse fracasso, então, nos impedia de tentar de novo. Graças às repetidas decepções e insatisfações na vida, nossos fracassos e os fracassos alheios foram aos poucos nos cansando. Nós acreditávamos e depois aceitávamos as limitações da vida. Essa abordagem era válida no passado, mas hoje está ultrapassada. Para nos livrarmos do passado, precisamos estabelecer uma intenção deliberada de agir como se as antigas convicções tivessem se esgotado e, portanto, deixado de ser adequadas e úteis para nós.

Agir como se alguma coisa fosse possível é igual a fingir. No entanto, para nos libertarmos de nossas convicções, o primeiro passo é fingir que outra coisa é verdade e depois verificar se realmente é. Nesse processo não faz mal desconfiar, desde que você siga em frente e aja como se fosse possível. Você certamente correrá o risco de fracassar novamente, mas terá também a possibilidade de obter um novo sucesso. Dê esse salto. Pondo em prática as técnicas de cada um dos nove princípios, você garantirá o sucesso imediato.

Uma criança pode estar preparada para andar, mas se ela não vir as outras andando, será muito mais difícil, e levará muito mais tempo para compreender esse seu potencial. Sem um guia ou imagem de como se anda, é muito mais difícil aprender. Se o nosso único exemplo fosse o de outros bebês engatinhando, talvez nunca viéssemos a aprender a andar. As nove técnicas para criar milagres práticos apontam o caminho para nos levantar e manifestar nosso potencial interior. Quando você pegar o jeito da coisa, pode esquecer as técnicas e desenvolver seu próprio estilo pessoal.

As novas possibilidades que existem hoje em dia para homens e mulheres materializarem seus sonhos são realmente milagrosas. Essa mudança súbita e completa do nosso potencial é tão radical quanto a transformação da água fervente em vapor, ou da noite em dia. Na segunda-feira somos pobres e, então, na terça-feira recebemos uma carta inesperada que contém um cheque de um milhão de dólares. O único requisito é ler a nossa correspondência. Se não abrirmos a carta, não depositaremos o cheque e não começaremos a usar o dinheiro, permaneceremos pobres. Para começar a utilizar o nosso novo potencial, precisamos agir e começar a aplicar uma nova abordagem da vida.

A capacidade de criar a vida que você sempre quis agora está à sua disposição.

Todas as nossas atitudes atuais se baseiam em nosso antigo potencial. Para conhecermos nosso novo potencial, temos de reconhecer que quase todas as nossas antigas maneiras de pensar serão empecilhos para isso. Embora elas tenham sido eficientes no passado, bloqueiam nosso novo potencial. Felizmente esse processo não é difícil. Tudo que precisamos é da consciência do que está à nossa disposição e da informação simples de como ter esse acesso ao potencial, e de repente ele se apresenta e se concretiza. Não é surpresa nenhuma que os mais jovens dessa geração, muito menos sobrecarregados com antigas formas de pensar, e que estão amadurecendo na era da Internet, tenham dado um salto à frente quanto à capacidade de fazer dinheiro.

É hora de parar de engatinhar, de ficar de pé e andar. É hora de deixar para trás nosso antigo modo de pensar. Nossas antigas convicções são baseadas principalmente em nossas experiências passadas. Criando novas experiências, podemos começar a modificar essas convicções limitadoras. O simples fato de se lembrar da orientação dos nove princípios e de agir como se eles fossem possíveis, fará com que fique surpreso em descobrir que eles realmente são. Tão logo você comece a experimentar o seu novo potencial, suas convicções limitadoras vão desaparecer. Com essa mudança, você abrirá a porta e terá acesso ao seu poder de criar milagres práticos todos os dias. Como o momento certo é este, se você tentar de novo, independente de sua idade, poderá obter sucesso. Você pode aumentar o sucesso, recuperar o amor duradouro e começar a criar uma saúde vibrante.

3
OS NOVE PRINCÍPIOS

Em termos práticos, aplicando os nove princípios você pode começar a fazer mudanças na sua vida que antes pareciam impossíveis. É mais fácil aprender qualquer nova habilidade se tivermos exemplos ou demonstrações a seguir. Para assimilar com mais facilidade os nove princípios, é útil ter uma visão das possibilidades. Há benefícios exclusivos que vêm diretamente da aplicação de cada um dos nove princípios. Esses são apenas alguns dos benefícios, mas você pode vivenciar seus próprios benefícios e milagres exclusivos. Estes são alguns exemplos de mudanças ou milagres práticos que tenho testemunhado com freqüência na minha vida e na vida dos participantes dos meus workshops.

1. ACREDITE QUE MILAGRES SÃO POSSÍVEIS. Utilizando a orientação desse princípio, os participantes recuperam a esperança. Com esperança, eles adquirem motivação para tomar novas decisões. Milagrosamente, eles descobrem que têm capacidade de persistir. Sentem-se seguros para fazer coisas que adiavam durante anos. A procrastinação não nos impede mais de prosseguir quando acreditamos e provamos, por experiência própria, que o milagre da mudança pode realmente acontecer.

2. VIVA COMO SE FOSSE LIVRE PARA FAZER O QUE QUISER. Pondo em prática este princípio básico, e aplicando as técnicas de autocura num grupo ou com um especialista em cura, em dez minutos a dor crônica e outros problemas de saúde desaparecerão milagrosamente. Depois de uma "cura milagrosa", seja ela física ou emocional, em vez de se sentir sobrecarregado pelo seu

destino na vida, de repente você sente sua nova liberdade para usufruir plenamente todo o seu potencial. Com essa sensação, você conquista a base para aproveitar a vida, para "viver livremente", como se nada o estivesse impedindo.

"Curas milagrosas" não são novidade. Elas permeiam toda a História. Foram amplamente documentadas nos últimos mil anos, em todas as culturas e todas as tradições do mundo. Mesmo nos últimos cem anos, o escrutínio das pesquisas e testes científicos mais rigorosos demonstrou que a recuperação imediata e inexplicada de uma variedade de doenças fatais é uma realidade.

E curas milagrosas continuam a ocorrer. Nenhum médico pesquisador e bem informado duvida disso. O motivo de alguns cientistas, pesquisadores e médicos minimizarem ou permanecerem céticos diante da menção de curas milagrosas é por não conseguirem repeti-las ou compreendê-las.

A cura milagrosa no passado era uma ocorrência casual, por isso "não científica", simplesmente porque as pessoas não conseguiam explicá-la ou repeti-la. Poucas pessoas eram curadas, mas a maioria não era. É importante reconhecer que o fato de não conseguirmos entender alguma coisa não significa que essa coisa não tenha acontecido, ou não exista.

Nos meus workshops e enquanto aprendia com especialistas em cura por todo o mundo, testemunhei pessoalmente o desaparecimento, em poucos meses, de quase todo tipo de doença – desde doenças sérias e situações como o câncer em estágio avançado, esclerose múltipla e derrames, até doenças menos sérias, como dores crônicas nas costas, dores de cabeça e alergias. A História está cheia desse tipo de curas milagrosas, mas o que é diferente hoje é que todas as pessoas podem se beneficiar disso, com um pouco de instrução e apoio.

3. APRENDA COMO SE FOSSE UM PRINCIPIANTE. Essas curas milagrosas são mantidas com alguns ajustes dietéticos importantes. Para operar essas mudanças, precisamos abrir nossas mentes e precisamos estar dispostos a experimentar e a testar as sugestões nutricionais da dieta da energia natural (veja o capítulo 13). Uti-

lizando esse princípio, ficamos motivados a aprender uma coisa nova, a experimentá-la e depois a discernir o que funciona melhor para nós.

Sem modificações na dieta, uma cura pode não durar. Os sintomas desaparecem numa sessão de cura, mas em poucos dias podem voltar. Se continuamos a nos envenenar com alguns alimentos específicos, o efeito de uma cura desaparece quase tão rápido quanto chegou. Com algumas novas descobertas sobre o que bebemos e comemos, e com a prática das técnicas de autocura, meus clientes e participantes dos workshops sentiram-se automaticamente atraídos por alimentos nutritivos para reconstruir e sustentar um corpo mais saudável. Depois que uma cura acontece, o alimento saudável e nutritivo realmente apetece mais. Por esse motivo, é fácil pôr em prática todas as sugestões. Elas se sustentam com o tempo porque funcionam de imediato. Quando as experimentamos, imediatamente começamos a nos sentir melhor.

O poder de cura não torna a medicina obsoleta de jeito nenhum. A medicina moderna, as antigas práticas de cura, a medicina alternativa e essas novas técnicas de autocura, quando utilizadas em conjunto, de uma maneira complementar, podem criar curas até mais milagrosas do que qualquer abordagem singular.

Quando você experimenta os resultados imediatos da autocura, descobre que, de fato, conhece muito pouco do seu potencial de mudança, e fica animado com todas as novas possibilidades agora existentes. Um mundo completamente novo se abre quando estamos dispostos a aprender novamente, como se fôssemos principiantes.

4. AME COMO SE FOSSE A PRIMEIRA VEZ. Nos relacionamentos, muitos casais descobriram que estão milagrosamente se apaixonando de novo pelo parceiro quando põem em prática este princípio básico. Eles conseguem perdoar os ex-companheiros e desejar o bem deles. Os velhos ressentimentos simplesmente desaparecem no ocaso do passado quando aprendemos a

perdoar. Todo o mundo deseja perdoar mas poucos aprenderam como fazer isso. A boa intenção de perdoar não basta. Precisamos aprender concretamente como fazê-lo.

Na área dos relacionamentos, quando ensinava as idéias contidas em *Homens são de Marte, mulheres são de Vênus*, comecei a notar as mudanças aceleradas dessa nova era. Os casais estavam descobrindo que num workshop de um dia conseguiam abrir seus corações para reavivar o amor que pensavam estar perdido. Muitos casamentos foram salvos. Mas, mesmo quando os relacionamentos terminavam em divórcio, os casais conseguiam se separar com mais amor e capacidade de perdoar.

Criar um amor duradouro não significa que você vai continuar casado com a mesma pessoa para sempre; não significa que vai amar essa pessoa para sempre e desejar o bem dela. As pessoas cometem o erro de assumir a culpa do fracasso nos relacionamentos quando se divorciam, e, no entanto, algumas pessoas descobrem que, depois de um divórcio, suas vidas se tornaram mais maravilhosas. Através do perdão, elas conseguiram amar livremente outra vez, como se jamais tivessem sofrido.

Milhares de casais que estavam a ponto de se divorciar criaram um amor duradouro descobrindo o perdão e aprendendo a arte da comunicação bem-sucedida. Quando sentimos que somos vítimas do amor, essa autopiedade inevitavelmente nos impede de abrir nossos corações e de confiar de novo no amor. Felizmente, essa antiga dor pode ser curada, e podemos começar a amar e a confiar de novo, como se fosse a primeira vez.

5. Seja generoso como se já tivesse tudo de que precisa. Com a compreensão do novo potencial de mudança, muitas pessoas pararam de fumar ou abandonaram outros hábitos ou vícios prejudiciais à saúde. Apesar de terem tentado parar no passado, e fracassado, elas se sentem inspiradas para tentar de novo e dessa vez obtêm sucesso, à medida que entendem o que fazer para acabar com todos os desejos que levam ao vício. Dessa vez, utilizando este princípio básico, elas se armam com um novo arsenal de técnicas práticas, e fica fácil parar.

Quando você entende o que cria os milagres, você descobre que já possui o poder de mudar, e então prossegue sem dificuldade e sem sofrimento. Você só precisa compreender o seu novo potencial e algumas idéias inspiradoras e técnicas novas para despertar e usar o seu poder interior. Todos os vícios nascem da dependência excessiva de alguém ou de alguma coisa fora de nós para sermos felizes. Quando você exercita o seu poder interior para obter o que precisa, passa a não depender tanto dos outros. Assim, você está livre para acabar com as compulsões que criam o vício.

Quando você passa a ser mais generoso e ao mesmo tempo assume a responsabilidade pelos seus bloqueios, começa a viver a experiência de que é dando que se recebe. Para a maioria de nós, esse conceito é familiar, mas não passa de um conceito. Não se pode realmente vivenciar receber mais por dar mais a não ser que a pessoa já seja auto-suficiente.

Se você depende do seu parceiro para se sentir bem, então quando você dá alguma coisa, alguma parte de você precisa e espera receber algo em troca. Casais que se unem desde o início para receber e não dar nada sempre se decepcionam. O ato de dar acaba não sendo tão gratificante porque eles ainda dependem de receber para poderem se sentir bem. Mesmo quando são carentes, o ato de doação pode ser muito gratificante no início de um relacionamento, porque não conhecemos o nosso parceiro e esperamos receber tudo de volta. Ingenuamente esperamos a perfeição, que não existe. E finalmente, em vez de nos sentirmos energizados por dar, ficamos cansados, vazios e exauridos. Sempre que você fica ressentido é um sinal de que está dando principalmente para receber algo em troca, em vez de dar por um sentimento de plenitude, sem expectativas ou cobranças.

Isso explica a idéia comum, segundo a qual não podemos amar alguém se, antes de tudo não amamos a nós mesmos. Em vez de depender do seu parceiro para sentir-se bem, pense nele como uma boa sobremesa. Você – e não o seu parceiro – é responsável pelo suprimento dos nutrientes importantes da sua vida. Amando você mesmo e tendo uma vida plena, antes de mais nada, o amor a mais que o seu parceiro oferece é um bônus extra do qual você não depende. Quando você vive a independência e a auto-suficiência, é capaz de se dar livremente, de não esperar nada em troca e de aproveitar a realização que nasce do ato de dar. Você é capaz de dar como se já tivesse tudo de que precisa.

As mulheres muitas vezes pensam que estão dando sem esperar nada em troca, mas, depois de alguns anos com a sensação de estarem sendo negligenciadas no relacionamento, elas reclamam na terapia. "Eu dei demais e não recebi nada em troca." O erro não é se doar ao parceiro, e sim não se dedicar a ela mesma, de modo a ser livre para doar-se ao parceiro sem exigir mais em troca.

É espantoso constatar que os homens ficam muito mais dispostos a dar quando são mais requisitados, sem cobranças e sem ressentimentos. É praticamente impossível pedir apoio de uma forma suave e carinhosa quando não recebemos o que precisamos. Nesses momentos, o segredo para curtir mais o que o nosso parceiro tem para oferecer é primeiro dar para nós mesmas o que precisamos para não precisarmos depender ou exigir uma mudança do nosso companheiro.

6. TRABALHE COMO SE O DINHEIRO NÃO FOSSE IMPORTANTE. O maior milagre que costumo observar é a rapidez com que a mudança pode ocorrer para as pessoas. Não é que todos os aspectos em suas vidas mudem ou melhorem de uma vez, porém, de alguma forma, acontece de fato com um aspecto significante. Pode ser que uma mulher esteja acima do peso, com energia reduzida, sentindo-se privada em seu relacionamento e desgostosa do seu trabalho. Tudo isso não vai melhorar de uma vez só.

Algumas começam a perder peso logo, mas outras começam a se amar mais e a amar mais o seu parceiro, e então, mais tarde, começam a perder peso ou mudam de emprego. Às vezes, antes de poder concretizar uma mudança na vida, temos de ter uma mudança de atitude. E quando uma cura física não acontece, é só depois de uma mudança de atitude em relação ao trabalho que nosso corpo se cura. Usando a orientação desse sexto princípio, muitas pessoas passam a vivenciar seu poder de criar milagres práticos.

Apesar de vivermos na era dos milagres, ainda é verdade que a mudança acontece aos poucos. A semente ainda precisa de tempo para crescer e virar uma árvore. Nada muda de uma vez só. O milagre é que agora os bloqueios que impediam a mudança natural e a cura podem ser removidos com mais facilidade. A semente de grandeza em nosso coração agora pode crescer livremente em seu ritmo natural e se transformar numa linda árvore.

Às vezes, antes de uma doença física ser resolvida é preciso curar um problema emocional. Em outros casos, uma doença física é curada milagrosamente e então os problemas emocionais ocultos, que são responsáveis por aquela doença, começam a aparecer. Do mesmo modo, às vezes a pessoa pode fazer uma mudança na vida ou mudar de hábito primeiro, e então os problemas emocionais começam a surgir para serem curados. Ou ainda pode ocorrer que o problema emocional seja o primeiro a ser curado e eliminado, e então a mudança de vida necessária fica clara e a pessoa fica naturalmente motivada para efetuar essa mudança.

Na maioria dos casos, quando se trata de curar o corpo, alguma mudança emocional precisa acontecer primeiro. Isso explica por que algumas pessoas conseguem uma cura física mais dramática do que outras. Elas se apresentam mais vulneráveis emocionalmente para a cura e mais abertas para serem ajudadas ou curadas. É a mesma coisa quando se trata de ter mais sucesso na vida. Algumas mudanças de atitude têm de acontecer primeiro. Se aprendemos primeiro a modificar a atitude, o poder de criar mudanças externas na nossa vida se modifica drasticamente.

Se vamos trabalhar todos os dias porque precisamos do dinheiro e não porque nos sentimos bem com o que fazemos, então estamos nos desligando do nosso poder interior. Se não seguimos o nosso coração e não escolhemos livremente o nosso trabalho, estamos criando nosso próprio sofrimento e provocando doenças. Por outro lado, quando somos livres para trabalhar e o principal objetivo não é ganhar dinheiro, mas sim a sensação de bem-estar, então o nosso maior poder de modificar a nossa situação se apresenta.

Isso explica por que algumas pessoas ricas simplesmente ficam mais ricas. Elas não trabalham porque precisam do dinheiro, mas para servir aos outros e sentir-se bem com isso. Quando as pessoas ricas adoecem ou perdem a fortuna, em geral é porque pararam de trabalhar. Como não precisam trabalhar, elas perdem a motivação do trabalho. O resultado direto é que muitas vezes ficam lerdas, preguiçosas, improdutivas, infelizes, doentes ou começam a abusar de alguma substância.

O mais comum é que as pessoas passem a vida toda trabalhando para ganhar dinheiro e poder se aposentar, parar de trabalhar. Assim, quando as pessoas que trabalham pelo dinheiro enriquecem ou se aposentam, tendem a parar de trabalhar. Esse é um cenário bem específico dos homens. Param de trabalhar porque não precisam mais, e logo ficam doentes e morrem. As companhias de seguro já observaram que os homens tendem a morrer três anos depois da aposentadoria. Ter muito dinheiro e tempo para fazer o que queremos é maravilhoso, se também tivermos a motivação para continuar a trabalhar servindo aos outros de alguma maneira significativa.

Em vez de procurar modificar as circunstâncias para se sentir bem, o segredo de criar milagres práticos é primeiro mudar a sua atitude sem depender das circunstâncias externas para mudar. Se dependemos de um emprego para pagar nossas contas, o primeiro passo deve ser despertar o nosso poder de nos sentir mais gratificados com a nossa situação do jeito que ela é. Se conseguimos apreciar as oportunidades que temos, novas oportunidades começam a se apresentar milagrosamente e com elas podemos expressar melhor quem somos e criar oportunidades de obter um sucesso maior.

Quando trabalhamos como se o dinheiro não importasse tanto, as decisões nascem da nossa própria escala de valores, e não da escala de valores dos outros. Temos liberdade para sermos nós mesmos e de fazer o que nossa consciência e senso de dever determinam. Com essa consciência, podemos trabalhar como se o dinheiro não importasse, apesar de precisarmos dele para pagar as contas. A partir dessa mudança de atitude, continuamos a precisar do dinheiro do nosso trabalho, mas a razão principal de trabalharmos é para podermos nos expressar, servindo ao mundo de alguma forma significativa.

7. RELAXE COMO SE TUDO FOSSE SE RESOLVER. As pessoas que participam dos workshops costumam dizer que a vida deixa de ter conflitos. Acontecem tantas transformações de humor que passamos a ter facilidade de administrar nossos altos e baixos. Quando você aprende a purificar o corpo e a liberar antigas toxinas, as compulsões insalubres são substituídas por desejos saudáveis. Por isso, quando você começa a experimentar seu potencial interior milagroso, o medo, a preocupação, o pânico e a ansiedade diminuem e, com o tempo, acabam desaparecendo.

Com essa espantosa transformação, as circunstâncias que teriam provocado medo ou angústia agora passam a gerar um sentimento de calma, relaxamento e entusiasmo. A pessoa sente novamente (ou pela primeira vez) a inocência de um jovem adulto seguro e torna-se capaz de sair de casa e enfrentar os desafios, curtindo as maravilhas de uma vida nova e excitante.

Com a firmeza de quem nós somos de verdade, conseguimos relaxar na vida, até no meio de um turbilhão, da sensação de impotência e de incerteza, como se soubéssemos que tudo vai acabar bem. E a verdade é mesmo que tudo acaba bem com o tempo. Sim, nós enfrentamos perdas e, sim, cometemos erros, mas, curando as nossas feridas e enfrentando os nossos desafios de peito aberto, descobrimos que toda experiência nos oferece uma oportunidade de crescimento. Aos poucos, vamos aprendendo a ficar alerta, como se estivéssemos em perigo, mas relaxados, como se tudo fosse ficar bem. Quando tratamos das crises com uma calma interior, temos muito mais competência para descobrir soluções do que teríamos se nos deixássemos levar pela angústia e pelo medo.

8. CONVERSE COM DEUS COMO SE ELE ESTIVESSE OUVINDO. Após poucas horas de participação no meu workshop de Milagres Práticos, os participantes experimentam concretamente a resposta imediata de Deus, ou de como preferem se referir a sua fonte espiritual e guia, às suas preces. Mesmo aquelas pessoas que não se sentem muito à vontade usando ou ouvindo a palavra "Deus" experimentam a incrível energia natural que sempre nos cerca. É essa energia que cura uma ferida e que inspira a grandeza. Eu particularmente chamo essa energia inteligente e receptiva de "Deus", mas os participantes são livres para Lhe dar o nome que quiserem.

De repente, a noção de conceitos certos ou errados e a confusão em relação a Deus desaparecem ou se tornam irrelevantes quando se tem a experiência direta. Quando a dor que alguém sentia havia nove anos desaparece, este alguém subitamente passa a acreditar, não porque alguém disse o que é certo, mas porque teve uma experiência direta.

Com a técnica simples de recarregar, as pessoas que participam do workshop imediatamente sentem essa energia natural de cura ao seguirem um procedimento simples de pedido de ajuda. Em poucos minutos, uma energia agradável começa a fluir para dentro do corpo através das pontas dos dedos. Conscientes dessa energia, elas podem direcioná-la para livrarem-se de todo o estresse, toda a preocupação, resistência e dor em suas mentes, seus corações, suas almas e seus corpos.

Aprendendo a sentir essa energia, você automaticamente faz a conexão com o seu verdadeiro potencial interior. A porta para ampliar o sucesso se abre. A sorte e a maior competência sempre chegam para aqueles que ouvem o sussurro do coração e que persistem em seus impulsos de mudar. Muitas pessoas nos meus workshops observaram que quando estão mais seguras e motivadas, obtêm maior sucesso e têm mais sorte para transformar seus sonhos em realidade.

Os atos de bondade e de carinho são capazes de atrair a sorte porque, para executá-los, temos de abrir nossos corações e assim o poder milagroso torna-se mais acessível. Muitas vezes, as pessoas acostumadas a fazer o bem têm maior facilidade para sentir essa energia. Eventualmente, porém, é mais difícil. Elas se esforçaram tanto na vida para serem sempre atenciosas e acabaram se desligando dos próprios sentimentos negativos que às vezes surgiam. Reprimindo a negatividade, elas reduzem sua capacidade de sentir.

Sem um coração sensível não se pode vivenciar a energia e começar instantaneamente a se beneficiar dela. Felizmente, há técnicas simples para despertar a nossa capacidade completa de sentir. Independente dos erros que cometemos ou da nossa história, todos conquistamos rapidamente esse acesso. É um direito inato ao indivíduo, e está imediatamente à nossa disposição quando sabemos onde procurar.

A boa sorte é inerente à vida. Só quando persistimos em ir contra o que diz o nosso coração é que deixamos de ver tudo que a vida pode nos dar. A capacidade de abrir seu coração e sua mente o capacita a conquistar o poder de acabar com o conflito e a transformar os inevitáveis dramas e crises em oportunidades para aprender as lições e se fortalecer.

Quando você persegue seus sonhos, passa a gerar boa dose de criatividade. Com esse fluxo incrível descobre que não é você "que faz", mas tudo acontece por seu intermédio. Nesse ponto, a experiência de Deus e o Seu poder milagrosamente criativo passam a ser uma experiência direta, um sentimento ou uma percepção concreta, e não apenas um conceito. A partir daí, quando você ora, sabe, com absoluta certeza, que está conversando com Deus como se Ele estivesse ouvindo, e que obterá ajuda imediatamente.

Quando você sente esse fluxo de energia, o conflito desaparece da sua vida. Sempre que as pessoas estão em conflito é porque esqueceram ou se desligaram do grande poder ou Deus, que opera por nosso intermédio e da natureza. É como se tivéssemos comprado um carro novo e, em vez de dar a partida e sair dirigindo, descêssemos e começássemos a empurrá-lo sozinhos.

Em meus workshops, em geral, 90% dos participantes conseguem sentir com facilidade a energia natural de cura e imediatamente começam a utilizá-la. Para a maioria das pessoas é uma experiência completamente nova. Algumas simplesmente precisam de um pouco mais de prática, e outras ainda têm de descobrir uma abordagem própria e diferente.

Lembre que um mesmo caminho não serve para todos. Eu não considero um fracasso alguém não ter a mesma experiência de outros. Sei que as pessoas são diferentes e que o meu caminho não é o melhor para todas. Sempre faço uma oração para elas e desejo-lhes o bem, confiando em que, com essa maior consciência do que querem, serão capazes de atrair para as suas vidas essa experiência, de alguma outra forma.

Quando as pessoas usam essas técnicas simples, subitamente Deus ou um poder mais elevado deixa de ser um conceito que faz parte dos pensamentos ou debates, e passa a ser uma realidade por meio da experiência direta. Quando você consegue sentir a energia natural de Deus fluindo para dentro de você através das pontas dos seus dedos, pode começar a usar o apoio de Deus para se curar e para curar as pessoas amadas. Com a continuidade de uso dessa energia para se modificar, você poderá aumentar a criatividade, o sucesso e a sorte. Era isso que queriam dizer no passado quando mencionavam as bênçãos de um santo ou uma benesse de Deus. Quando sentimos essa energia, podemos direcioná-la e ver imediatamente os benefícios.

9. BANQUETEIE-SE COMO SE PUDESSE TER TUDO QUE DESEJA. Aplicando as mudanças dietéticas fáceis e a técnica de des-

carregar de autocura, muitos participantes que estavam acima do peso livraram-se de alguns quilos em poucos meses. Utilizando técnicas novas, o peso excedente desaparece e você come o quanto quer. Mesmo estando acima do peso, como grande parte da população, por comer demais, é possível recuperar o peso ideal e saudável. A mudança milagrosa não requer nenhum sacrifício. Para perder peso, os regimes de exercícios entediantes não são necessários. Pessoalmente perdi quinze quilos em dois meses sem obedecer a nenhum programa de exercícios. Depois que recuperei meu peso saudável, comecei a sentir vontade de exercitar meu corpo e de usá-lo mais. Não admira que as pessoas gordas tenham dificuldade para aderir a um programa de exercícios. Forçar um corpo com excesso de peso e sem saúde a fazer exercício pode ocasionar uma sobrecarga de tensão, prejudicial e desnecessária. Alcançado o peso ideal, você vai querer criar oportunidades para se exercitar, pois se sentirá bem e seu corpo se manterá forte e vibrante.

Depois de sentir seu desejo natural, com certa orientação você descobre que pode comer quanto quiser dos alimentos que deseja, sem nenhum sacrifício. Esse estado de abundância e satisfação é criado depois que você abandona seus vícios e os reduz apenas a alguns poucos alimentos não-saudáveis.

ALINHAVANDO TUDO

Utilizando cada um dos nove princípios da forma que eles mais se adaptam e funcionam para você, e praticando regularmente as técnicas de energia natural de autocura, você pode, e realmente vai, começar a ver os benefícios concretos imediatamente. Algumas pessoas já podem estar usando alguns desses princípios, mas até descobrirem e aplicarem o ingrediente que falta, continuarão bloqueadas, sem acesso ao poder interior que elas têm para criar milagres. Outras, embora já utilizem todos os princípios, ainda não conhecem as técnicas avançadas simples dos milagres práticos. Com uma pequena mudança, elas se desbloqueiam e repentinamente sentem os benefícios que se esforçavam tanto para conseguir.

Se você ler a lista e entrar em pânico por não estar utilizando nenhum dos princípios, não se desespere. Tudo que precisa é fazer uma mudança na direção certa e verá resultados notáveis. É espantoso ver a rapidez com que os resultados acontecem quando opera a modificação correta para você, que por sinal também é uma mudança fácil. Mudar só é difícil quando não se tem acesso ao seu poder milagroso. Práticas difíceis na verdade bloqueiam seu poder milagroso. No passado, era necessário existir essa dificuldade, mas agora tudo mudou e são só as abordagens fáceis e simples que funcionam. Se algo parece difícil demais, então olhe em outra direção. Se essa abordagem é a certa para você, verá que as diferentes técnicas dos milagres práticos não são complexas nem difíceis, e que começam a funcionar na mesma hora.

4
ÁLGEBRA ESPIRITUAL

No passado, os resultados milagrosos não se mantinham simplesmente porque a maioria das pessoas não estava preparada. Tudo que é real na vida se desenvolve aos poucos, por estágios. Uma semente não pode se transformar numa árvore sem estar preparada. Precisa de alimento e de tempo. Nos estágios passados de crescimento, a humanidade só conseguia vislumbrar o que era possível. Agora estamos plenamente preparados para compreender a verdade e expressar nosso potencial interior para criar milagres. Esse estágio de vislumbre se completou. Somos abençoados por estarmos vivos numa época em que os milagres são uma possibilidade para todos.

Uma maneira de compreender essa mudança global é pelo conceito de consciência mundial. Einstein foi o primeiro que popularizou essa idéia. Declarou que as idéias novas e avançadas que levara anos para entender seriam, nas gerações seguintes, compreendidas pelas crianças. Essa mudança em nossa capacidade global de compreensão, ele explicou, tem início quando uma pessoa passa a ter uma consciência maior em uma nova direção.

Como uma bola de neve rolando numa encosta, uma idéia que amadurece quando chega sua hora, acaba acumulando neve e cresce exponencialmente. Da mesma forma, à medida que mais pessoas expandem sua compreensão, num certo ponto, toda a consciência do mundo se modifica. O resultado é que o que era considerado radical, ou relegado ao nível dos gênios numa época, passa a ser senso comum quando compreendido pelo mundo inteiro.

Isso ajuda a descrever a mudança que acabamos de vivenciar. Quando se aquece a água, num certo ponto ela começa a ferver e se transforma em vapor. Num sentido prático, a sociedade ficou em banho-maria nos últimos duzentos anos. Agora a água começou a ferver e a mudança radical de água para vapor está acontecendo. Ocorreu uma mudança na consciência mundial que fez com que a nossa compreensão e sensibilidade aumentassem. Com essa transformação, o mundo inteiro agora é capaz de criar milagres práticos.

É importante entender como e por que ocorreu essa modificação em nossa capacidade. Sem essa compreensão, podemos não ficar suficientemente motivados para efetuar as mudanças, já que fracassamos tantas vezes antes. Todos nós acabaremos passando por essa mudança, mas por que ser o último? A opção é sua agora.

Essa passagem para uma era de milagres práticos é análoga a uma mudança radical que acontece com quase todas as crianças quando se tornam adolescentes. Observando essa transformação mais familiar e comum podemos interpretar melhor a nossa nova realidade.

Uma das muitas mudanças e explosões drásticas de crescimento que ocorrem por volta dos treze anos é a capacidade súbita de entender álgebra. Depois de muitos anos de desenvolvimento cerebral, determinado dia um interruptor é ligado no cérebro e o adolescente consegue passar do raciocínio concreto para a capacidade de compreender o pensamento abstrato.

Apesar do cérebro ter passado anos se desenvolvendo para se preparar para essa mudança, ela acontece mesmo num segundo. Não há um desdobramento gradual. É um salto. Antes desse instante mágico, todas as tentativas de entender álgebra tendem a ser uma luta decepcionante, a menos que a criança seja especialmente dotada para matemática. Para todas as crianças, depois dessa mudança repentina, aprender álgebra se torna fácil, se tiverem à disposição delas o apoio e a instrução adequados.

> **Aprender álgebra é muito difícil quando é ensinada antes do aluno estar preparado.**

É importante lembrar que essa mudança literalmente ocorre em um dia. Se essa nova habilidade não for utilizada, a parte do cérebro responsável pelo raciocínio abstrato não tem chance de se desenvolver. Essa modificação é análoga à mudança que acabou de acontecer no mundo.

Se o cérebro do aluno ainda não passou pela transição necessária, do raciocínio concreto para o abstrato, ele simplesmente não poderá aprender álgebra, mesmo que o professor seja excepcional. Tentar aprender antes de o cérebro estar pronto pode até piorar as coisas. Em vez de compreender que ele apenas não está preparado para aprender, o aluno pode concluir, erroneamente, que é incompetente e incapaz de aprender. Esse erro de avaliação pode bloquear o poder dele. Confiança e expectativa positiva são atributos necessários para o desenvolvimento de qualquer habilidade.

> **Tentar aprender alguma coisa antes de o cérebro estar preparado pode até piorar as coisas.**

Essa modificação do poder cerebral é análoga à mudança que acaba de acontecer na consciência do nosso mundo. Desenvolver a sua capacidade de criar milagres práticos é o mesmo que aprender álgebra, só que, na verdade, se trata de uma álgebra espiritual. Num dia não somos capazes de aprender, mas no dia seguinte o somos.

Ao comparar o seu novo poder de criar milagres práticos com o aprendizado da álgebra, lembre que é apenas uma analogia. Se você não era bom em matemática, isso não quer dizer que não esteja pronto para criar milagres. E, se a álgebra era difícil para você, provavelmente foi ensinada antes que estivesse preparado, ou, então, você simplesmente não teve a instrução e o apoio adequados. As crianças apresentam estilos diferentes de aprendizado. Quando você era pequeno, a maioria dos professores não tinha nem o conhecimento nem o tempo para atender às diversas necessidades das crianças para que elas aprendessem com mais facilidade.

RECONHECENDO O SEU POTENCIAL

Uma mudança radical de potencial não pode ser diretamente sentida ou reconhecida. Quando os adolescentes têm modificada sua capacidade de aprender álgebra, não há nenhuma indicação disso, nem por fora, nem por dentro. Não é como as explosões radicais de crescimento que ocorrem à noite e que são fisicamente percebidas no dia seguinte.

Quando o interruptor do raciocínio abstrato é ligado, os adolescentes não acordam com nenhuma sensação diferente. A aparência deles também fica inalterada e eles não sentem nenhuma mudança de atitude. Eles não sabem que agora são capazes de compreender e de aprender álgebra. A única maneira de detectar essa nova capacidade e de reconhecer o potencial deles é começando a usá-lo.

De um modo bem parecido, a nossa nova capacidade de criar milagres não nos modifica de jeito nenhum. Não nos sentimos diferentes em nada. No entanto, quando temos a oportunidade de identificar essa capacidade e a utilizamos, aí sim a sentimos e podemos aumentá-la. Educação e treino significam isso. Para despertar nossos poderes milagrosos, temos apenas de saber que eles existem e começar a procurá-los. Sem essa consciência, não podemos iniciar a jornada.

> Para despertar nossos poderes milagrosos, temos apenas
> de saber que eles existem e começar a procurá-los.

Nossa capacidade de fazer milagres está se desenvolvendo na surdina há milhares de anos e chegou de repente. Ela começou a piscar há cerca de duzentos anos, quando as pessoas sentiram pela primeira vez a necessidade de liberdade e democracia. Quando nossos poderes milagrosos começaram a surgir, passamos a acreditar que todos os homens e mulheres eram iguais e que cada pessoa tinha a capacidade de criar o próprio destino. As pessoas não eram mais como crianças que precisam ser governadas pelos outros; tinham a capacidade de governar as próprias vidas. Essa era a nossa visão, mas ainda não estávamos totalmente preparados para realizá-la porque, como um adolescente, ainda éramos um tanto evasivos. Vislumbrávamos o que era possível, mas não éramos capazes de dar prosseguimento e de manter as novas possibilidades e valores.

Em todo o mundo mudanças concretas e duradouras estão ocorrendo para abrir a porta para todos desenvolverem esse poder novo e latente de criar o próprio futuro. Não somos mais limitados por genes, tamanho, cor, sexo, raça, status familiar ou tendência religiosa. A democracia, ou pelo menos um movimento nessa direção, existe por toda parte. Há sinais globais dessa transformação. Até os povos dos países oprimidos estão finalmente se erguendo para lutarem por seus direitos e buscando a igualdade que surge com o crescimento da liberdade. Mudanças milagrosas agora são possíveis para todos.

Interesse por Deus e religião

A menos que alguém ensine os fundamentos da álgebra para os adolescentes, eles não saberão que possuem essa nova habilidade. Podem passar o resto de suas vidas pensando que não entendem álgebra e, por isso, nunca se interessam em aprender. A única coisa da qual terão certeza é que a antiga matemática, baseada no raciocínio concreto, parece tediosa. E a conseqüência pode ser um completo desinteresse pela matéria. Da mesma forma muitas pessoas hoje em dia estão cansadas e perderam o interesse pela religião, pela espiritualidade e por Deus, simplesmente porque não lhes foi apresentada a mensagem que refletia suas novas habilidades e capacidade de compreensão. Pessoas que fazem pouco da busca espiritual ou da idéia de Deus, ou que desistiram da mudança pessoal, muitas vezes são, de alguma forma, almas mais avançadas. São como as crianças que entram na puberdade um pouco mais cedo do que as outras. Apesar de não terem de esperar muito para que seus pares também passem pela transformação, elas continuam sendo bem diferentes dos colegas, e mais avançadas. E, ao mesmo tempo que são mais avançadas em certas coisas, como não contam com muito apoio dos companheiros, em geral têm mais problemas.

Pessoas que fazem pouco da busca espiritual às vezes são almas mais avançadas.

Nas últimas centenas de anos, uma pequena percentagem da população do mundo começou a passar por essa mudança. Essas "almas avançadas" eram os grandes líderes, inovadores, inventores, artistas, escritores, revolucionários, cientistas e mestres espirituais. Apesar de brilharem mais, na verdade não eram muito mais avançados. No quadro geral da evolução, se comparados com milhões de anos de evolução, cem anos não passam de um piscar de olhos. Em poucas centenas de anos, o resto da humanidade os alcançaria, e tudo ficaria num mesmo nível outra vez.

Nos últimos cinqüenta anos, essa mudança aconteceu para uma percentagem muito maior da população mundial. Milhões passaram por essa mudança. E agora, neste novo milênio, bilhões acabam de sofrer a modificação e estão preparados para utilizar seu potencial avançado.

Mudar antes do resto da humanidade nem sempre é uma experiência agradável. As almas mais avançadas muitas vezes foram segregadas, vítimas de desconfiança, isoladas, ou até queimadas em fogueiras por serem diferentes. Pergunte para qualquer menina que tenha sido a primeira a ficar menstruada no seu grupo. Como ela é minoria, essa mudança nova e maravilhosa muitas vezes é associada à vergonha, confusão, embaraço e medo da rejeição.

No passado, quando uma alma estava preparada para criar milagres práticos, e não havia mestres para ensinar o caminho, podia ser muito desanimador. Essas pessoas sabiam que faltava alguma coisa, mas não sabiam o que era, nem onde encontrar. As religiões tradicionais ainda pregavam uma mensagem apropriada para as massas, mas não para elas.

Utilizando a nossa analogia com a álgebra, os mestres espirituais e líderes religiosos ainda estavam ensinando o raciocínio concreto da matemática, e algumas almas já estavam mais adiante. Era difícil encontrar um professor mais avançado que pudesse desafiar a nova capacidade que elas tinham de compreender a vida e seus mistérios. Elas precisavam da álgebra espiritual. Essas almas avançadas buscavam uma verdade mais elevada, e muitas vezes davam as costas para a espiritualidade tradicional porque o que ouviam dizer sobre Deus não era o certo para elas. Enquanto algumas saíram em busca da verdade por caminhos heterodoxos e não-convencionais, outras simplesmente perderam o interesse.

> No passado, aqueles que afirmavam ter as respostas espirituais estavam ainda ensinando a mensagem para as massas.

Esperar que um espírito um pouco mais velho aceitasse muitas das antigas crenças que eram ensinadas sobre Deus era o mesmo que esperar que um adolescente acreditasse que um Papai Noel gorducho, de roupa vermelha e num trenó transportado por renas voadoras, realmente descesse pela chaminé de todas as casas do mundo inteiro numa noite, para distribuir presentes para todas as crianças que tivessem se comportado bem. Para essa alma mais velha era hora de partir para uma compreensão mais avançada.

A maioria das religiões e teologias têm avançado e se modificado, mas num ritmo lento demais para as almas mais avançadas. As formas antigas de pensar eram muito restritivas e deixaram de ser relevantes. As almas um pouco mais velhas precisavam de alguma coisa que desafiasse seu novo potencial de criar milagres, e assim receberiam estímulo e poder. Elas queriam sentir o poder de transformar seus sonhos em realidade. Se a religião delas não mostrava como fazer isso, elas procuravam em outro lugar.

> Se a religião não fazia com que as pessoas se sentissem bem com elas mesmas, elas procuravam em outro lugar.

No decorrer dos últimos duzentos anos e, especialmente nos últimos cinqüenta, um número cada vez maior de pessoas trocou de religião, entrou para uma religião recém-formada, criou uma religião própria ou simplesmente se afastou da religião organizada para tornar-se adepto das novas "religiões", da ciência e da tecnologia, do consumismo, da cultura popular, da psicologia e da terapia, do ambientalismo, da medicina holística ou do movimento de auto-ajuda que está despontando completo, com livros, manuais, especialistas, pessoas que curam, dietas, grupos de apoio, programas de doze passos e workshops.

Muitos lugares tradicionais de adoração deixaram de funcionar e vários deles se transformaram em pontos turísticos ou simplesmente em pontos de encontro. As igrejas e os templos que ainda sobrevivem em geral são liderados por almas avançadas que estão abertas para as novas descobertas que chegam à consciência humana. Elas respeitam e incluem novos valores que vêm da ciência, da psicologia e do movimento de auto-ajuda.

Aquelas pessoas que se desiludiram ou simplesmente se desinteressaram pela espiritualidade, desprezaram a idéia de um Ser Divino, como ensinavam, e passaram a procurar em outras paragens algo que estimulasse e desafiasse o novo potencial que subitamente pressentiam. Em muitos casos, descartaram as idéias de Deus e da espiritualidade sem necessidade. Jogaram fora o bebê junto com a água do banho.

> **Rejeitar a idéia de Deus é como jogar fora o bebê junto com a água do banho.**

Mesmo sem a ajuda "consciente" de Deus ou do poder divino do universo, as almas avançadas às vezes conseguiam usar seu novo potencial para manifestar milagres externos, criativos e tecnológicos. É comum que muitos dos maiores cientistas sejam agnósticos ou ateus. Em geral, eles conquistaram uma grandiosidade e uma criatividade incríveis em suas carreiras, mas fracassaram na vida pessoal. Passaram por experiências de enorme tensão ou de doenças físicas. Outros se concentraram em alguma prática secreta, esotérica, de aprimoramento, e encontraram uma grande paz interior, mas não foram capazes de encontrar sucesso no mundo material e viveram na pobreza ou doentes. O Ocidente está repleto de pessoas aparentemente bemsucedidas. Talvez tenham tudo do mundo material, mas para muitas isso não basta e não significa felicidade. Elas tomam remédios para aplacar as dores e ficam amargas com acordos cruéis de divórcio. Os filhos não falam com elas e elas ficam imaginando se isso é tudo que existe. Num sentido prático, elas têm o potencial necessário para aprender a álgebra espiritual, mas não encontraram um bom "professor de álgebra" que desperte seu potencial para criar sucesso em todas as áreas da vida.

A TECNOLOGIA REFLETE NOSSO NOVO POTENCIAL

A mudança interior que agora aconteceu em todas as pessoas, é refletida de várias maneiras nas mudanças externas que hoje testemunhamos. Por exemplo, enquanto a consciência interior da humanidade se expandiu atingindo um novo nível, o mundo inteiro subitamente se interligou pela televisão, pelos telefones celulares e, mais recentemente, pela Internet. Agora quase todas as pessoas no mundo terão acesso a esses novos milagres e maravilhas da tecnologia recém-desenvolvida. À medida que as pessoas reconhecem que possuem consciência para conhecer a verdade que há dentro delas, uma montanha de informação se torna disponível para qualquer um que tenha um computador e uma conexão com a Internet.

Os milagres tecnológicos que temos agora são muito impressionantes, mas estão apenas começando. Há muitas inovações, aprimoramentos, avanços e descobertas que já estão no forno. Do mesmo modo, todos agora têm acesso à sua capacidade interior de criar milagres. Falta muito pouco para sermos capazes de utilizar essa capacidade e promover avanços incríveis em nossas vidas. O que podemos fazer hoje no nosso mundo interior e exterior aumentará drasticamente a cada ano. Eu já testemunhei isso em minha vida pessoal e na vida dos participantes dos meus workshops. Vejo isso não só no meu trabalho, mas também no trabalho de outros especialistas em cura e mestres.

As pessoas que começaram a usar computadores pessoais vinte anos atrás tiveram de sofrer por causa da baixa velocidade de processamento e do espaço limitado de memória. Para garantir até os menores avanços, sempre tivemos de pagar caro. Hoje compramos computadores por uma fração do preço que costumávamos pagar, e essas máquinas, além de menores, mais leves, mais fáceis de usar e anos-luz mais velozes, são também capazes de guardar uma quantidade de dados que jamais poderíamos imaginar. Mais importante do que isso: elas não costumam enguiçar o tempo todo, como as antigas.

Você pode ser um especialista nos antigos modelos, mas se não se atualizar, ficará ultrapassado. E os computadores mais novos também estão ao alcance de todos. E, da mesma forma, uma capacidade muito maior de vivenciar e de desenvolver nossos poderes interiores de fazer milagres também está agora ao alcance de todos.

Não importa o seu grau de avanço espiritual ou quão generoso e correto você tem sido. Mesmo sem "jamais ter pecado", ou tendo feito muito esforço para pecar, isso não representa uma vantagem. Não faz de você uma pessoa mais merecedora de desenvolver esse potencial. Todos têm o mesmo acesso. Você pode ter desperdiçado a vida esbanjando seu potencial, cometendo os mesmos erros inúmeras vezes e ignorando seus dons interiores, mas nunca é tarde para se beneficiar com essa nova bênção universal. Ninguém é impedido de entrar e não temos de pagar nada. Essa nova tecnologia interior já é sua.

> O poder de mudar nossas vidas está ao alcance de todos.

Até mesmo o fato de passar anos aprimorando uma técnica de desenvolvimento interior para ter acesso a esse novo poder não significa uma posição vantajosa. Você não recebe um passe especial para ir para o princípio da fila. Não existe fila. Certamente você aproveitou os benefícios do caminho que estava trilhando, mas, a menos que tenha feito muitas mudanças e inovações na sua prática, provavelmente agora é hora de se atualizar. Mas isso não significa que você precisa se desfazer do velho computador. Em vez disso, pode simplesmente instalar um novo disco rígido ou o processador mais moderno e veloz. Da mesma forma, nós não precisamos apagar o nosso passado. Precisamos apenas atualizá-lo e modernizá-lo para obter acesso ao novo potencial que está à disposição de todos nós.

> Não precisamos apagar o nosso passado.
> Precisamos apenas atualizá-lo e modernizá-lo.

As belas tradições religiosas têm muito a oferecer, se pudermos simplesmente reinterpretar alguns dos seus aspectos limitantes e restritivos e perdoar seus abusos e corrupção. Rejeitar a religião é como rejeitar Beethoven só porque gostamos de música sertaneja, ou porque Beethoven não tocava guitarra elétrica. Por que não respeitar e apreciar de tudo?

> Rejeitar a religião é como rejeitar Beethoven só porque gostamos de música sertaneja ou de rock-and-roll.

Não é necessário reinventar a roda. Nós não precisamos de uma nova religião. Não precisamos de outro pai ou outra mãe para ensinar o que é certo, ou quais são as regras. Só precisamos abrir nossos corações e mentes. Todos temos dentro de nós o potencial para determinar o que é certo ou errado para nós mesmos. Há dois mil anos, Jesus chocou a ordem instituída quando disse que a lei de Deus já estava escrita em nossos corações. Do mesmo modo, quando aprendemos a usar o nosso novo potencial e a abrir os nossos corações, passamos a não depender mais de ninguém, apenas de nós mesmos, para nos revelar o que é verdade.

Olhando para nosso interior, podemos conhecer a verdade e desenvolver nosso poder interior para criar milagres práticos. Seguir o coração e não ensinamentos externos, tradições ou experiências alheias não significa que você não ouve ou respeita. Significa que você ouve, sim, e depois segue o que considera certo para você. Continuando a seguir seu coração e a fazer o que gosta, mediante erros e acertos, aos poucos vai aprender o que é bom para você. Não é possível discernir o certo do errado sem ter vivenciado aquilo que está dizendo.

Sem a experiência pessoal você certamente pode ter uma opinião, mas não pode saber. Partindo desse ponto de vista, você nunca saberá realmente o que é certo para outra pessoa. Poderá ter uma determinada opinião, mas não poderá, de fato, saber. A única coisa que podemos realmente saber, com certeza, é o que é bom para nós, e isso também muda à medida que nos modificamos.

Quando você descobre a verdade dentro de você, subitamente passa a vê-la em todas as religiões. Compreenderá que a mensagem por trás delas todas é sempre a mesma. Perceberá que essa verdade foi mal interpretada por outros que chegaram mais tarde, ou por tradutores que não compreenderam bem a mensagem. Você também vai reconhecer que algumas mensagens não são mais aplicáveis.

A maior verdade da vida é como um rio. A água é sempre a mesma, mas está sempre se movendo e mudando. Um rio nunca corre por muito tempo em linha reta, ao contrário, ele meneia naturalmente para trás e para frente. E também reflete o clima do dia. Se o sol está brilhando, a água fica azul e linda, mas, num dia nublado, ela parece escura e cinzenta. Apesar de parecer diferente, não é. Água é sempre água. Pode ser quente ou fria, clara ou turva, mas continua sendo água. Desse modo, também, a mesma verdade pode ser encontrada em todas as religiões. Depois que você experimenta a água, independente da aparência diferente que ela possa ter, você sabe que é a mesma água da vida, refrescante e vital.

> Quando você descobre a verdade dentro de você, de repente começa a vê-la em todas as religiões.

Fundar uma nova religião significa negar o valor das outras. Neste ponto da história, isso não é necessário. Qualquer um que sinta a necessidade de iniciar uma nova fé obviamente não tem qualificação. Se uma pessoa possui a capacidade de conhecer a verdade, então ela pode perceber o valor das nossas religiões atuais sem achar que deve criar outra. Em lugar de uma religião nova, melhor, nós estamos preparados para viver a verdade subjacente que existe em todas as religiões e usar essa experiência como base unificadora para sustentar a paz e a harmonia no mundo.

Precisamos reconhecer que qualquer um que professe conhecer o único caminho, ou o melhor caminho, não tem gabarito para indicá-lo. Certamente essas pessoas devem saber o melhor caminho para elas mesmas, ou para seus seguidores, mas não para todo o mundo. Acreditar que existe um caminho único para todos é uma idéia ultrapassada. Na realidade, é essa crença limitada que nos impede de vivenciar o nosso poder interior de criar milagres práticos em nossa vida pessoal e no mundo. Para prosseguir, precisamos abrir nossas mentes e nossos corações para aceitar e respeitar as diferenças em todas as áreas da vida.

Quando as religiões estabelecidas se fechavam diante de mudanças, novas religiões eram necessárias para criar uma adaptação ao tempo e ao lugar. Agora, todas as religiões estão cheias de líderes que possuem essa nova habilidade e que em breve vão reconhecê-la. À medida que as religiões vão se abrindo, elas também passarão a ver a verdade em todas as outras tradições, com respeito e apreço. Mantendo seus rituais e suas tradições próprias e exclusivas, elas serão capazes de honrar as outras tradições também. As idéias de superioridade, de povo eleito, ou de "o nosso é o melhor caminho" simplesmente desaparecerão. Isso já está acontecendo em alguns lugares, mas vai se espalhar pelo mundo todo.

DO ANALÓGICO PARA O DIGITAL

Nessa nova era de milagres práticos, a mudança é bastante acelerada. Mudanças que podem ter levado anos para acontecer agora são transições fáceis e instantâneas. Nesse sentido, nós passamos de analógicos para digitais. Não precisamos mais rebobinar as fitas lentamente. Com um simples toque em um botão, voltamos ao início. Podemos ir para onde quisermos. Se há alguma coisa num CD ou num DVD que você queira pular, no mesmo instante você passa para o ponto que deseja.

Pense em um dos ditados mais antigos: o tempo conserta todos os males. É só esperar que tudo melhora. Bem, agora você não precisa esperar. Aperte o botão certo, no equipamento específico, e estará lá num segundo. O segredo é atualizar o seu equipamento e aprender a usá-lo.

Por volta dos trinta anos de idade, muitas pessoas já desistiram de acreditar que podem mudar. Elas não se comprometem mais com resoluções porque inúmeras vezes não foram capazes de persistir. Por que se dar ao trabalho de prometer mudar se a promessa não vai durar mais do que algumas semanas? Em vez de sofrer a humilhação de repetidos fracassos, perdemos a nossa ingênua exuberância para nos tornarmos melhores e mais felizes.

CARINHO E CONFIANÇA

A mesma coisa acontece quando as outras pessoas nos decepcionam; deixamos de acreditar que a mudança é possível. Desistimos de tentar conseguir o apoio de que precisamos. Isso costuma acontecer nos relacionamentos íntimos. Primeiro ficamos decepcionados, depois perdemos a esperança de mudar. A conseqüência é que os homens deixam de ser carinhosos e as mulheres param de confiar. As duas atitudes representam bloqueios que nos impedem de sentir o amor que nos uniu no início. Em todas as áreas da vida, quando deixamos de querer bem e de confiar, nos desligamos do nosso poder interior de criar mudanças.

> **Quando desistimos da esperança de mudar, os homens deixam de ser carinhosos e as mulheres param de confiar.**

Em vez de promover as mudanças e ajustes necessários em nosso relacionamento, no trabalho e nos hábitos pessoais, nos resignamos com a mediocridade, aceitando com passividade a nossa situação. Num certo ponto, acabamos nos rendendo à convicção limitada de que não podemos mudar, ou de que uma mudança duradoura é impossível. Em geral, é isso que nos deixa doentes quando ficamos mais velhos.

Muitas vezes os homens deixam de ser carinhosos quando não conseguem agradar à mulher depois de um tempo.

Quando ela está feliz, ele fica feliz, mas quando ela está insatisfeita, ele começa a se sentir um fracasso e se fecha. Ele pensa: "Para que me preocupar? Nada que eu faça é suficiente." Neste exemplo, ele se preocupa demais e depende demais das reações da mulher. Para remediar a situação, ele tem de ajustar suas expectativas irreais e suas cobranças injustas, e ao mesmo tempo ter mais tempo sozinho para melhorar sua autoestima e não depender tanto dela. Com essa simples mudança, ele pode ficar desapontado de vez em quando, sem ter de parar de demonstrar carinho.

As mulheres, por outro lado, confiam demais e então se decepcionam e param de confiar. Como acontece com os homens em relação ao carinho, ao bem-querer, as mulheres confiam cegamente ou se fecham e deixam de confiar por completo.

Quando recebe o que precisa num relacionamento, ela passa a depender dessa realização e comete o erro de não ver mais realização em outras áreas da sua vida. Esse tipo de dependência não é nada saudável. O resultado é que, quando ele a decepciona, em vez de confiar que ele fez o melhor que podia, ela se fecha e não confia mais.

Esperar que uma pessoa satisfaça a todas as nossas carências é irreal e leva a cobranças injustas.

Nesses momentos, é preferível que a mulher comece a confiar nela mesma e em Deus, e não num homem que vai satisfazer a todas as suas necessidades. Essa autoconfiança cresce quando ela começa a experimentar seu novo potencial interior de grandeza. É um sentimento que a liberta da dependência excessiva do companheiro para a sua própria realização. Com o tempo, ela aprende a confiar normalmente no parceiro, sem expectativas irreais e sem cobranças injustas.

Se nós, homens e mulheres, não dependemos dos parceiros para sermos felizes, quando eles nos frustram ou decepcionam de alguma maneira, não provocarão nada além de uma pequena onda de irritação num mar de amor, respeito, apreço, compreensão, aceitação, carinho e confiança. É normal ficar preocupado, aborrecido e até irritado, de vez em quando, com as pessoas que amamos. O segredo da felicidade conjugal é aprender a deixar passar e amar livremente de novo. Sempre que sentimos amor, voltamos ao que realmente somos.

Para sentir essa expressão livre do amor, pense no que você sentiu no início do relacionamento, ou de uma boa amizade. Se o seu companheiro ou amigo a decepcionava, sua reação imediata era "tudo bem". Essa maravilhosa reação carinhosa só acontece quando não dependemos demais, ou quando temos confiança de que podemos conseguir o que precisamos na vida. Ao vivenciar diretamente o seu poder de criar milagres, você pode, aos poucos, se livrar da dependência excessiva dos outros.

Para curar essa dependência, além de buscar a realização dentro de nós mesmos, também temos eventualmente de olhar para fora do relacionamento, em busca de divertimento e amizades. Não é saudável que o seu companheiro seja seu único amigo verdadeiro, ou que vocês dois façam sempre tudo juntos. É importante manter uma vida independente. Assim como pai e mãe precisam de algum tempo juntos, sem os filhos, os casais também precisam de algum tempo especial para eles mesmos, para fazer o que gostam sem o outro.

Além de buscar a realização dentro de nós mesmos, também temos de olhar de vez em quando para fora do relacionamento em busca de divertimento e amizades.

Quando não dependemos tanto do nosso parceiro, somos capazes de ajustar nossas expectativas irreais e nossas cobranças antipáticas. Passamos a perdoar os erros do outro e a aceitar melhor suas limitações e diferenças. Quando isso acontece, a mulher consegue confiar, normalmente e com facilidade, que o homem está fazendo o melhor possível, e o homem pode continuar a ser carinhoso e a levar em conta as necessidades da companheira, mas não a ponto de perder ele mesmo de vista.

Acreditando neste século, homens e mulheres dependerão menos uns dos outros e poderão, assim, amar mais e aceitar melhor as diferenças. Nessa expressão nova e mais liberada de amor o romance e a paixão durarão a vida toda.

CRIANDO UMA VIDA INTEIRA DE AMOR

As pessoas já estão sentindo essa possibilidade de romance e paixão duradouros. No entanto, ainda temos muito que aprender para saber como conquistar esse milagre de amor. Para atingir um novo tipo de relacionamento, temos de abrir nossas mentes e nossos corações para aceitar e compreender as nossas diferenças. Precisamos nos reeducar e nos livrar do condicionamento das gerações passadas. Se queremos uma nova colheita, temos de plantar uma nova semente. Pensando e agindo diferente das gerações anteriores, podemos criar um resultado diferente.

Sem saber como criar uma paixão duradoura, em vez de continuarem casados simplesmente porque "devia ser assim", os casais se separavam e o índice de divórcios subitamente pulou de dez para 50%, trinta anos atrás. Apesar das pessoas continuarem a se casar, em alguns países o número de casamentos despencou significativamente.

O aumento dos divórcios e da desilusão em relação ao casamento no mundo ocidental não aconteceu porque as pessoas passaram a amar menos, mas sim porque elevaram seu padrão de exigências. Elas sabiam que mais era possível, mas não sabiam como conquistar isso... ainda. Algumas deixaram o casamento em busca de algo mais, e outras abandonaram seu sistema espiritual tradicional de apoio.

Agora, à medida que os casais aprendem a se libertar de suas expectativas irreais e cobranças injustas, em vez de abandonar seus parceiros, muitos poderão resgatar o antigo comportamento e até efetuar mudanças com mais facilidade. Sendo menos dependentes, concedendo a eles mesmos, e ao parceiro, mais liberdade para que também tenha vida própria, o sonho do amor duradouro se tornará uma realidade concreta. Com um pouco de prática e algumas novas idéias inspiradoras, milhões de casais já se beneficiaram da abordagem simples e sensata de *Homens são de Marte, mulheres são de Vênus* e de outros manuais populares de relacionamento. A compreensão e a aceitação das diferenças dos gêneros deram novas esperanças para milhões de casais.

ABERTURA RELIGIOSA

Assim como nossas mentes e nossos corações estão se abrindo em nossos relacionamentos, as instituições religiosas também estão se abrindo. Um outro exemplo da nova abertura religiosa é que essas instituições não se fecham para muitas descobertas e adaptações sugeridas pelos escritores dos livros populares de auto-ajuda. Até os grupos religiosos mais fundamentalistas e conservadores costumam recomendar meus livros sobre relacionamentos e namoro, assim como os de outros professores populares de auto-ajuda, ou mestres espirituais autodenominados.

Os líderes religiosos sabem que as pessoas estão tendo problemas, e reconhecem a importância de novas informações. As pessoas costumam me dizer que foi o ministro, o pregador, o pastor, o rabino, o swami ou o guru delas que recomendou meus livros sobre amor, namoro, cura, sucesso e criação de filhos. Isso não é uma admissão de fracasso por parte da religião, e sim uma expressão da nova consciência global. O mundo mudou. A humanidade mudou. É hora de atualizarmos e de aprendermos com nós mesmos e com os outros, e não com alguma fonte fora de nós.

Os líderes religiosos sabem que as pessoas estão tendo problemas, e reconhecem a importância de novas informações.

Segundo minha própria experiência, um número cada vez maior de líderes religiosos está fazendo as adaptações necessárias nessa nova era. Assim como as pessoas agora são capazes de mudar, as religiões também estão fazendo isso. Se você abandonou a fé da infância, ficaria surpreso de ver o quanto ela evoluiu. Essa nova capacidade de mudança vale tanto para os jovens, como para os mais velhos.

As religiões estão enfrentando o desafio de mudar e as pessoas que abandonaram a fé que tinham na infância também. Chegou a hora de deixarmos para trás nossas críticas limitadoras e nossos medos, e apreciarmos nossas diferenças, reconhecendo a verdade universal única que há por trás de tudo. Se você abandonou sua religião, amplie seus horizontes dedicando um tempo para ver se as novas verdades que aprendeu estão presentes nela também.

Se você segue uma abordagem espiritual liberal, não faz mal discordar, mas é hipocrisia julgar que as religiões fundamentalistas ou conservadoras são radicais demais. Enquanto algumas precisam adotar uma abordagem mais liberal, outras precisam legitimamente trilhar um caminho mais conservador. Para crescer em seu poder milagroso, sua mente tem de se abrir para ver a verdade em todas as religiões. Certamente haverá coisas que você achará limitadas, mas em vez de se concentrar nas diferenças, encontre a verdade subjacente. Ao confiar em você mesmo para discernir o que considera verdadeiro, está diretamente reforçando e exercitando a sua conexão com o divino dentro de você.

Lembre que ouro é sempre ouro, não importa a forma que tenham dado a ele. As verdades definitivas da vida podem ser expressadas de diversas maneiras, mas continuam sendo verdades definitivas. Cada religião dá uma forma à verdade, para pessoas com temperamentos diferentes e em diversos estágios de amadurecimento. Não existe uma religião melhor do que as outras. Aproveite a oportunidade de conhecer a verdade em todas as religiões. Respeitando as diferenças nos outros e descobrindo a união subjacente, estará se libertando para poder ser diferente e ao mesmo tempo estar em harmonia com o mundo. Essa é a promessa do novo milênio.

Mesmo havendo uma infinidade de maneiras de escalar uma montanha, o cume é um só. É hora de compreender que chegamos lá. Agora temos de desfazer nossas mochilas e aproveitar a visão das novas e infinitas possibilidades. Chegou o momento de prender os ganchos de segurança e de curtir um passeio muito excitante.

Todo o mundo agora tem o poder de criar milagres práticos na vida. No entanto, como a álgebra, isso requer um aprendizado, com um bom professor. Quando você compreender os nove princípios para criar milagres práticos, sentirá imediatamente um crescimento e uma mudança surpreendentes. Deixe *Milagres práticos para Marte e Vênus* ser seu caderno de álgebra para lembrá-lo dos seus novos poderes e para ajudá-lo a desenvolver o seu novo potencial. Como a hora é essa, você só vai precisar de algumas explicações e de alguns exercícios e técnicas simples, para seguir o seu caminho.

5
VIVENDO NUMA ERA DE MILAGRES

Os nove princípios para criar milagres têm sido vividos de diversas formas, com diversos graus de clareza, através dos séculos. O que é diferente hoje é nossa nova capacidade de compreender todos eles ao mesmo tempo e de experimentar diretamente seu valor prático. Esses princípios deixam de ser conceitos que esperamos conquistar algum dia, depois de uma longa busca ou de muita prática. Agora eles podem ser experimentados diretamente e se transformar rapidamente numa experiência comum. Ocorreu uma dramática mudança, de proporções históricas: estamos agora vivendo numa era de milagres.

Mudanças drásticas na sociedade não são novidade. Por toda história, a sociedade sempre passou por mudanças e desenvolvimentos radicais. Cada nova era trouxe algum novo desenvolvimento, desde a retidão pura mas rígida da Era Vitoriana, até as revoluções sangrentas dos povos em luta pela liberdade.

Cada período de mudança trouxe algum novo ideal que se expressou tanto na religião quanto nas artes e na ciência. Prevendo formas novas e melhores de governar, ou criando novas invenções que nos levaram à Era Industrial, ou agora à Era Digital, a humanidade sempre esteve crescendo em sua capacidade de criar milagres práticos.

O que é diferente nesses últimos duzentos anos, e especialmente nos últimos cinquenta, é a velocidade acelerada das mudanças. Nossa capacidade de compreender mais agilizou a mudança. Em outras épocas, tendências importantes e o desenvolvimento das principais realizações demoravam centenas de anos para acontecer. Nos últimos duzentos anos, com o surgimento da democracia, as mudanças começaram a ocorrer mais depressa. Com a chegada do novo milênio, o ritmo das mudanças aumentou ainda mais. Essa mudança rápida abriu a porta de um nível novo e diferente de consciência para toda a humanidade.

A NATUREZA DO PROGRESSO

A cada avanço em toda a história, a humanidade sempre enfrentou novos problemas. Apesar de cada novo avanço ter resolvido antigos problemas, alguns novos surgiam. Essa é a natureza do progresso, e isso também serve para demonstrar por que uma boa idéia nunca é suficiente sozinha. O excesso de uma coisa boa não é bom.

> Levar alguma coisa ao extremo é frustrar seu objetivo original.

Quando um princípio é levado ao extremo, tendemos a descartá-lo na sua totalidade, por causa dos problemas que cria, e adotamos um novo princípio, que acaba sendo a solução. Se a sociedade se torna rígida demais, ela muda e passa a ser mais aberta e mais livre. Quando ela se torna conservadora ou tradicional demais, então muda e fica mais liberal e inovadora. A história está cheia desse tipo de mudanças. Hoje em dia, algo inédito está acontecendo. Agora somos capazes de compreender que a diferença não é uma ameaça, e sim um suporte potencial.

> Assim como o pêndulo balança para um lado e para o outro
> e acaba encontrando seu ponto de imobilidade,
> a humanidade atingiu seu ponto de equilíbrio.

Estamos no ponto de equilíbrio entre movimentos opostos. Estamos naquele momento mágico entre a noite e o dia. Despertamos para uma nova era de milagres práticos. O que era impossível compreender antes, agora é fácil. Os antigos princípios não devem ser descartados por serem conflitantes com as novas idéias. Em vez disso, o antigo e o novo podem se integrar num todo que é muito maior do que a soma de suas partes.

HOMENS SÃO DE MARTE, MULHERES SÃO DE VÊNUS

A aceitação generalizada das idéias de *Homens são de Marte, mulheres são de Vênus* é um bom exemplo dessa mudança. Na primeira vez que apresentei essas idéias no início da década de 1980, encontrei uma resistência enorme. Muitas pessoas simplesmente não estavam preparadas para aceitar minhas idéias. Quando eu falava sobre as diferenças entre homens e mulheres, muitas vezes achavam que eu estava dizendo que um sexo é melhor do que o outro. Algumas pessoas pensaram que eu queria trazer de volta idéias tradicionais e suprimir os novos conceitos de liberdade e de oportunidades iguais.

Agora, quase todos que já passaram pela experiência de viver um relacionamento íntimo aceitam bem a idéia de que homens e mulheres são diferentes e que essas diferenças são boas, apesar de às vezes ser difícil lidar com elas. Nossa antiga visão sobre as diferenças dos gêneros de fato sofreu uma mudança radical. Aceitamos a idéia de que homens e mulheres são diferentes e ao mesmo tempo nos inteiramos de uma suposição completamente nova: essas diferenças não significam que um sexo é melhor do que o outro. Um princípio mais elevado ficou compreendido mediante essa integração de idéias opostas. Homens e mulheres podem ser diferentes e iguais. Quando entendemos isso, podemos ver claramente que, a não ser com o reconhecimento dessas diferenças, não podemos honrar igualmente os direitos humanos de cada pessoa. Essa é a mesma consciência que pode dizer, e diz, que negros e brancos podem ser diferentes e iguais. Todas as religiões, do Oriente e do Ocidente, antigas e novas, podem ser diferentes e iguais. É essa a mudança que literalmente pode modificar o mundo para sempre e dar uma base concreta para a paz e a justiça duradouras.

SUPERANDO A RESISTÊNCIA

O que fez com que as pessoas passassem a aceitar a mensagem simples de *Homens são de Marte, mulheres são de Vênus* sem considerá-la uma ameaça foi o modo como foi apresentada. Cada argumento era baseado em experiências comuns e tinha um valor prático. As pessoas que viviam essas experiências comuns compreendiam imediatamente essas idéias.

Quando podemos experimentar a verdade por nós mesmos, não dependemos tanto da orientação ou dos ensinamentos dos outros. Com esse acesso à verdade que existe dentro de nós, podemos nos libertar da necessidade de encontrar o caminho único e melhor e adotamos com facilidade, o que funciona para nós. Não nos sentimos ameaçados pelas diferenças, ao contrário, elas são bem-vindas e procuramos apreciá-las.

Com o acesso à verdade que existe dentro de nós não nos sentimos ameaçados pelas diferenças; ao contrário, elas são bem-vindas.

Quando alguns intelectuais quiseram debater comigo, achei que ia perder o meu tempo. Eu simplesmente dizia que a minha mensagem não servia para todo o mundo, mas que, por experiência própria, eu sabia que as minhas sugestões eram úteis para muitos homens e mulheres. Quando eles exigiram provas, como é obrigação de todos, disse simplesmente que as minhas idéias eram baseadas no velho bom senso. Esses incrédulos estavam tão acostumados com a antiga dependência ao aval da aprovação acadêmica, que não conseguiam conceber que alguma coisa nova e boa pudesse partir do bom senso. Minhas descobertas foram criticadas por não serem o resultado de um estudo com grupo de controle, com referências a dez outros especialistas que tivessem feito pesquisa semelhante.

Apesar de a pesquisa ser muito útil para expandir nossa consciência e para apontar direções diferentes, os resultados não significam inevitavelmente que alguma coisa seja verdade. Acreditar apenas na pesquisa é como esperar que um líder religioso diga que podemos usar a Internet. Independente do que aprendemos com a pesquisa, precisamos sempre testar com nossa própria experiência. Essa é a nova consciência das pessoas hoje em dia. Estamos abertos para mensagens diferentes, mas seguimos o que é verdade para nós.

> Esperar pela aprovação acadêmica é como esperar que um líder religioso diga que podemos usar a Internet.

Quando ensino as idéias novas e radicais no meu livro *Os filhos vêm do céu*, a resistência das pessoas se desfaz rapidamente. Elas começam a vivenciar a criação dos filhos com maior facilidade, aprimorando a comunicação e deixando de lado os antigos métodos de punição. Até as pessoas que resistem no início acabam se convencendo depois de fazerem os exercícios de desempenhar papéis e de experimentar diretamente o processo. Aquelas pessoas que não fizeram um workshop, mas que leram o livro, ficam impressionadas quando testam as minhas idéias e descobrem pessoalmente que além de terem sentido, elas funcionam.

Quando ensinei os milagres práticos, tive a mesma experiência. As pessoas naturalmente têm dúvidas, mas quando começam a viver diretamente seu novo potencial de recarregar com energia positiva e descarregar o estresse, a resistência delas desaparece. No que diz respeito a criar milagres práticos, é difícil acreditar que o processo possa ser tão simples e tão fácil, até você experimentar.

OS TEMPOS ESTÃO MUDANDO

Os tempos realmente mudaram. Viver em harmonia com os nove princípios não é mais tão difícil. Além de ser fácil, torna a vida imediatamente mais fácil também. Isso porque a humanidade já passou pelo desenvolvimento desses nove princípios. Agora somos capazes de colocá-los em prática e de transformar nossos sonhos em realidade.

Muitas pessoas já estão vivendo de acordo com alguns dos nove princípios, mas poucas vivem os nove de uma vez só. No entanto, todos os nove princípios para criar milagres práticos têm a mesma importância. Homens e mulheres muitas vezes têm um sucesso limitado na vida porque lhes falta a sabedoria de apenas um dos princípios que não estão implementando.

Cada princípio complementa os outros oito para criar sucesso. Sem uma integração dos nove, os milagres práticos não podem se manter. Para criar um amor duradouro, sucesso cada vez maior e saúde vibrante, temos de incorporar todos os nove princípios para criar milagres práticos.

> Sem uma integração dos nove princípios,
> os milagres práticos não podem se manter.

Esses princípios distintos já foram vividos de diversas maneiras, em geral surgindo como modismos e às vezes como mudanças revolucionárias. Uma rápida revisão de apenas alguns demonstra como esses tempos de agora são realmente milagrosos.

Na segunda metade do século XX, mudanças que teriam levado centenas de anos para se desenvolver ocorreram em poucos meses. Os anos 50 perfeitos, os anos 60 da liberação, os anos 70 da conscientização, os anos 80 da abundância e os anos 90 da alta tecnologia foram todos drasticamente diferentes. Agora, finalmente chegamos ao milagroso novo milênio – um tempo em que podemos incorporar o melhor de cada um desses períodos.

AS EXPLOSÕES DE CRESCIMENTO DOS SETE ANOS

Cada um dos primeiros sete princípios foi despertado, vivido e desafiado pela sociedade nos últimos cinqüenta anos. Estávamos apenas sendo levados pela maré, mas nossa consciência estava processando as modificações finais para poder apreciar e compreendê-los por completo.

Em 1950, a humanidade começou a viver a abertura da conscientização crescente dos princípios em sete estágios distintos, cada um se desdobrando exatamente a cada sete anos. Com cada desdobramento, as pessoas passavam por uma mudança radical no modo de viver suas vidas.

Certamente, nem toda a sociedade participava conscientemente de cada uma dessas mudanças, mas cada pessoa sofria a influência delas de acordo com suas necessidades particulares. Rever essas mudanças serve para despertar nossa experiência pessoal para os diferentes princípios para criar milagres práticos.

Relembrar nossa experiência pessoal referente a esses princípios, às nossas lutas e também às tentativas felizes de dominá-los os torna mais concretos. Na época, não reconhecemos sua magnitude, mas agora podemos olhar para trás e compreender o quanto realmente mudamos.

**A possibilidade de mudar rapidamente
é um dos maiores milagres práticos.**

Em cada um desses períodos de sete anos, a milagrosa energia de cada princípio foi sendo liberada, sucessivamente. A cada explosão de crescimento dos sete anos, nossa capacidade de compreender cada um dos princípios evoluiu. Não importava se estávamos participando ativamente dessa energia ou resistindo a ela. Todos nós fomos influenciados por ela, como nossos filhos estão sendo agora, e os filhos deles também serão.

Vamos agora rever algumas das mudanças e desenvolvimentos espantosos dos últimos cinqüenta anos e analisar como eles se relacionam diretamente com cada um dos primeiros sete princípios para criar milagres práticos. Revendo algumas das muitas mudanças significativas desse período podemos reconhecer a aceleração milagrosa das mudanças sociais. Esse reconhecimento desperta em nós uma consciência mais ampla das possibilidades de se fazer mudanças pessoais. A maior consciência das mudanças à nossa volta aumenta nossa capacidade pessoal de criar modificações significativas.

1. ACREDITE QUE MILAGRES ACONTECEM.

Entre 1950 e 1957, após a Segunda Guerra, vivemos um otimismo crescente. A democracia havia triunfado e as pessoas confiavam que transformariam seus sonhos em realidade. Os países estavam se unindo pela primeira vez na história, com a esperança da paz mundial.

O pensamento positivo estava por toda parte. Em 1952, Norman Vincent Peale, autor de *O poder do pensamento positivo*, fundou seu centro e começou a divulgar sua mensagem de elevação do espírito e de inspiração para milhões de pessoas. Mas para algumas o otimismo crescente logo se transformou em arrogância. O macartismo avançava a todo vapor. Em nome do patriotismo, deram início a uma hedionda e vergonhosa "caça às bruxas". De repente, o "nosso modo de vida" era o melhor. O governo, como um pai ditatorial, estabelecia as regras, e os "adolescentes" se rebelaram. Essa idéia do "único modo de vida" seria logo desafiada pelas mudanças radicais que viriam nos anos 60.

Apesar de a vida familiar dos anos 50 parecer superficialmente perfeita, não era. Os problemas existiam, mas ficavam bem escondidos. O pensamento positivo, quando levado ao extremo, se transforma em rigidez, negação e visão seletiva. O jovem Elvis Presley foi chamado de "Elvis, o Pélvis" pelos conservadores, e esse novo modo de dançar foi censurado na televisão, com as câmeras filmando Elvis apenas da cintura para cima.

Nos anos 50 aprendemos que positivo era bom, mas que também tínhamos de reconhecer o que não funcionava tão bem. Os que não reconheceram a necessidade de mudar estagnaram. Manter o *status quo* é contrário à vida e resulta numa existência sem paixão. Nos sete anos seguintes essa rigidez foi transcendida e substituída por um novo sentido de liberdade pela revolução dos anos 60.

2. VIVA COMO SE FOSSE LIVRE PARA FAZER O QUE QUISER.

Entre 1956 e 1964, Elvis explodiu e o rock-and-roll chegou para ficar. Os bebês da explosão demográfica do pós-guerra atingiram a maioridade. O ritmo da mudança literalmente acelerou. A juventude dançava livremente e se manifestava com a mente e o coração abertos. A mudança estava no ar. Estávamos literalmente nos movendo ao ritmo das batidas dos nossos corações. O nosso desafio nesse período era destrancar as portas que nos impediam de nos expressarmos com autenticidade. Velhas inibições e limitações foram substituídas por ideais libertários. Em 1957, a Rússia lançou o Sputnik e deu início à Era Espacial. Em 1960, John Kennedy, o segundo presidente mais jovem da história dos Estados Unidos, foi eleito e passou a se concentrar na Lua. Os astronautas Alan Shepard, Virgil Grissom e John Glenn, junto com a NASA, puseram em andamento os elevados planos de Kennedy. O que um dia fora sonho, se tornava, então, realidade.

Em 1963, numa passeata pelos direitos civis em Washington, D.C., Martin Luther King Jr., diante de duzentos mil ativistas, fez o seu discurso histórico e inspirador "Eu tenho um sonho", e o movimento pelos direitos humanos, fator determinante do movimento libertador, alcançou novos índices.

Mas mesmo a liberdade crescente pode ter um lado caótico e às vezes até destrutivo. Em 1965, seis dias de protestos tumultuados no bairro Watts de Los Angeles sacudiram o país. Uma nova consciência dos direitos das minorias gerou uma exigência de liberdade e igualdade verdadeiras. Anos de sofrimento por abusos explodiram subitamente. A violência racial estourou em diversas cidades americanas. Do outro lado do mundo, na África do Sul, Nelson Mandela clamou pela liberdade e foi condenado à prisão perpétua por isso.

A publicação do livro que se tornou ponto de referência, *A mística feminina*, de Betty Friedan provocou uma onda de feminismo que acendeu a controvérsia e esquentou as discussões entre os sexos. Em 1966, foi fundada a Organização Nacional da Mulher, e nossa jornada na direção da igualdade entre homens e mulheres teve início. Helen Gurley Brown assumiu a revista *Cosmopolitan* que passou a funcionar como um foro permanente para as mulheres que queriam se redefinir e se desfazer de estereótipos ultrapassados e limitadores. Nos anos que se seguiram, a feminista Gloria Steinem fundou a revista *Ms.* e inspirou ainda mais as mulheres a lutarem por seus direitos.

As tradições e o convencional estavam sendo desafiados em todas as frentes. Desafiando a autoridade, James Dean, o "rebelde sem causa", transformou-se em modelo de comportamento para a juventude americana. A liberdade era a ordem do dia. Durante esse tempo, aprendemos que seguir o nosso coração não significava necessariamente atender a todos os nossos caprichos e que fazer apenas o contrário do que os outros querem que façamos não é necessariamente liberdade.

A não ser que saibamos o que é realmente importante para nós, fazer o que queremos pode nos transformar em pessoas superficiais, desligadas do que realmente é importante e verdadeiro. Essa conclusão abriu a porta para irmos mais fundo em nós mesmos. Rapidamente despertamos para nossa necessidade mais profunda e essencial da vida: de amar e fazer o que amamos.

3. APRENDA COMO SE FOSSE UM PRINCIPIANTE.

Entre 1964 e 1971, nasceu a geração "paz e amor", com uma inocência nova e liberal. Em 1964, Ed Sullivan apresentou aos americanos "quatro jovens talentosos de Liverpool". Aos gritinhos frenéticos e berros das fãs apaixonadas, os Beatles deram início a uma nova e gloriosa época de inocência, música, risos e amor. *I Want to Hold Your Hand* disparou para o topo de todas as listas. *All you need is love* é um tema que não morre nunca.

Enquanto os jovens se empenhavam em amar e seguir seus corações, na frente doméstica o governo americano guerreava contra o comunismo "para tornar o mundo mais seguro para a democracia". Muitos jovens se opuseram à violência e formaram o movimento pela paz. Nas universidades por todo o país, os jovens faziam discursos, protestavam contra o envolvimento no Vietnã, exigiam a retirada imediata das tropas e que o governo assumisse a responsabilidade por seu erro. A juventude queria reescrever as regras. Nesse período, nosso desafio era nos libertarmos das tradições que limitavam nossas vidas e descobrirmos um modo melhor de aprendermos com o passado e não repetirmos os mesmos erros. Passamos então a protestar e a exigir mudanças.

Além de almejar a paz mundial, a consciência pública passou a pensar também a saúde do nosso planeta. O dia 22 de abril de 1970 marcou o primeiro Dia da Terra. A limpeza da poluição tóxica, a proteção da vida selvagem e a preservação dos nossos recursos naturais passaram a ser preocupações vitais. O movimento verde exigia que o governo e as grandes indústrias se responsabilizassem pelos desperdícios e pelos abusos praticados contra os recursos naturais.

Os corações e mentes se abriram para outras coisas também. Nós, como qualquer jovem adolescente, de repente sabíamos tudo, e nossos pais não sabiam de nada. "Não confie em ninguém com mais de trinta anos." Queríamos mais do que o passado podia nos dar. Queríamos recomeçar e fazer tudo diferente.

Muitos jovens se interessaram pela expansão da consciência para encontrar a felicidade interior. Em 1968, os Beatles foram para a Índia aprender com o Maharishi, que ensinava meditação transcendental, ou TM. A meditação transformou-se numa opção para milhões de jovens que queriam "viajar" sem consumir drogas. Uma variedade de gurus e mestres orientais começou a viajar para o Ocidente.

Para muitos, a "Nova Era" tinha começado oficialmente quando passamos a nos voltar para dentro de nós à procura de mudanças. Milhões aprenderam a meditar ou a praticar ioga, e outros experimentaram drogas recreativas. Eles se ligavam e largavam tudo. O "amor livre" era o nosso lema, e o sinal da paz, o nosso símbolo. Cada um queria fazer alguma coisa diferente. Com o poder das flores, os hippies, os manifestantes e os que escapavam do serviço militar, os anos 60 psicodélicos marcaram uma época colorida e tumultuada. Com tantos "viajando" de diversas formas, a vida era "um barato" e "legal".

Os rapazes jogavam fora seus relógios, deixavam o cabelo crescer e iam para as estradas com as suas novas motocicletas Harley. Em 1969, o filme *Sem destino*, estrelado por Peter Fonda, Dennis Hopper e um jovem ator chamado Jack Nicholson, cativou a imaginação dos jovens por toda parte. Era evidentemente uma época de liberdade crescente e de novos começos.

Naquele mesmo ano, as mulheres começaram a abandonar os maridos. A lei do divórcio por incompatibilidade foi promulgada em 1969, e em doze meses as estatísticas do divórcio subiram de 10 para 50%, mantendo esse mesmo nível até o final do século XX. As pessoas queriam felicidade e amor verdadeiro, e iam em busca disso, mesmo que significasse trocar de parceiro.

A liberdade desenfreada e selvagem desse estágio foi sendo corrigida no período seguinte de realismo crescente. O idealismo dessa época foi rapidamente substituído por uma consciência mais ampla da dura realidade da dor e do sofrimento provocado pelas injustiças. Era ótimo ser idealista, mas as contas tinham de ser pagas, e os filhos, alimentados.

4. AME COMO SE FOSSE A PRIMEIRA VEZ.

Entre 1971 e 1978 surgiu a "geração eu". Quando os filhos da explosão demográfica do pós-guerra se tornaram pais, foram forçados a encarar as obrigações financeiras de ganhar dinheiro e de sustentar uma família. As pessoas deixaram de "viajar" com as drogas e procuraram ser mais responsáveis. Cabelos compridos saíram de moda e os fundos de aposentadoria entraram em moda.

Era hora de trabalhar duro e de jogar pesado. Com o pé mais fincado nessa realidade, as mulheres e os homens perceberam que tinham de cuidar deles mesmos para poderem dar mais para os outros. Para equilibrar essa consciência tão sóbria, resolvemos nos divertir também.

As discotecas estavam na moda. John Travolta incandescia as paixões de milhares de cinéfilos em *Os embalos de sábado à noite*, e os embalos eram contagiosos. O amor livre idealista dos anos 60 reduziu-se rapidamente a encontros casuais. As pessoas começaram a fazer experiências sexuais, sem querer compromisso para não se machucar. O amor tinha de ser leve, divertido e realista também.

Mas nem todos estavam felizes. Apesar do fim da guerra do Vietnã em 1975, os muitos anos de protestos tinham cobrado seu preço da psique americana. Os soldados que retornavam não eram bem recebidos e lutavam para reconstruir suas vidas depois de vivenciar os horrores e a devastação da guerra. Passaram-se anos até o Memorial da Guerra do Vietnã ser construído em Washington, D.C., e os veteranos poderem receber o reconhecimento que mereciam.

Era uma época de paz, mas o país tinha de curar suas feridas. O desafio era reconhecer as injustiças, mas procurar o perdão também. A desconfiança estava no ar com a exposição do caso Watergate e de outros incidentes de corrupção no governo. Em 1974, Richard Nixon renunciou à presidência. Gerald Ford tornou-se presidente e, logo depois, Nixon foi perdoado. Em 1977, depois que Jimmy Carter assumiu o cargo, perdoou os desertores da Guerra do Vietnã. Em 1979, Anwar el-Sadat do Egito e Menachem Begin de Israel assinaram um tratado histórico de paz no Oriente Médio. Sendo cada vez mais responsabilizados pelos nossos erros, precisávamos de uma maior capacidade de perdoar para curar nossas feridas.

Nosso senso do dever aumentou também. Na área financeira subitamente nos conscientizamos de nossas dívidas e responsabilidades. Os juros dispararam e a economia despencou. Carteiras vazias e ceticismo sufocavam nossa recém-descoberta liberdade.

De diversas maneiras estávamos experimentando os limites da liberação. Mais uma vez tivemos de encarar a dura realidade: a vida tinha limites. Não podíamos apenas dar livremente. Precisávamos cuidar primeiro das nossas necessidades. Nossas vidas pessoais corriam de tanque vazio, e logo os nossos carros iam refletir isso. De repente a escassez de energia. Não só nossos recursos pessoais, mas também os recursos da Terra, eram limitados. Tínhamos bastante tempo para refletir sobre nossas necessidades enquanto esperávamos em longas filas para encher o tanque.

A psicologia pop moldou as idéias intelectuais de Freud, Jung e de outros com um formato que podia beneficiar e ser compreendido facilmente pelo público em geral. Um número cada vez maior de pessoas participava de grupos de análise e de auto-ajuda. Terapia não era mais um luxo para os ricos, nem algo que devia ser mantido em segredo. O desejo de melhorar como pessoa passou a ser uma aspiração aceitável, até admirável. Os seminários transformacionais da Califórnia chamaram a atenção do público e se espalharam.

Alcoólicos Anônimos, fundado nos anos 30, prosperou e outros grupos de terapias em doze passos, formados mais recentemente floresceram. Milhões de homens e mulheres nos Estados Unidos inteiro literalmente ficaram sóbrios para enfrentar melhor os desafios da vida. Era hora de entender não só o que estavam fazendo com os outros, mas com si próprios também. Com a cortina da negação aberta, as pessoas queriam e tinham condições de mudar.

Tendo se concentrado neles mesmos nesse período, os filhos da explosão demográfica do pós-guerra agora estavam preparados para explorar a entrega a partir de um sentido de auto-suficiência e de autonomia. Essa consciência com uma base mais sólida e a confiança montaram o palco para o próximo período de crescimento econômico, de investimentos e de expansão sem precedentes.

5. SEJA GENEROSO COMO SE JÁ TIVESSE TUDO DE QUE PRECISA.

Entre 1978 e 1985, passamos para os anos 80 da abundância. Em 1980, Ronald Reagan chegou montado em seu cavalo branco para salvar a pátria. O momento era perfeito. No dia de sua posse, a crise do Irã terminou, e pudemos finalmente relaxar. A desgraça que pairava sobre nós nos anos anteriores agora era contrabalançada por uma sensação mais moderada, mas ainda romântica, de abundância.

Reagan era um ator maduro e desempenhou o papel de presidente com perfeição. O estado do país sempre parecia mais brilhante depois dos seus discursos. Com essa mudança de atitude o país começou a florescer em muitos aspectos. Apesar de a América ainda ter muitos problemas, sabia-se que tudo ia ficar bem, porque o presidente parecia sempre feliz e tranqüilo. Os juros caíram e a economia prosperou. As pessoas se sentiam cada vez mais seguras e investiam o que ganhavam no próspero mercado de ações.

Reagan irradiava confiança. Quando o víamos descer do Air Force One acenando com simpatia para a câmera, sabíamos que ele ia dar um passeio pelo jardim com Nancy e depois tiraria um bem merecido cochilo. Se ele podia parar e sentir o perfume das rosas, nós também podíamos. A reaganomia garantia que podíamos ter tudo. Enquanto os negócios prosperavam, o governo americano afundava num poço profundo de dívidas.

Com oportunidades mais justas do que nunca na história, as mulheres avançavam por toda parte. Além de terem acesso a empregos com melhores salários, também assumiam carreiras que antes eram exclusivas dos homens, que por sua vez continuavam a defender seu território. Sandra Day O'Connor foi a primeira mulher nomeada para a Suprema Corte do Estados Unidos. Margaret Thatcher liderava a Grã-Bretanha como primeiro-ministro. Sally Ride tornou-se a primeira mulher astronauta.

Essa abundância crescente era de fato um grande alívio da escassez do passado, mas também criava novos problemas. Os gastos do governo se refletiam na esfera privada. As pessoas também começaram a se afogar em dívidas, comprando tudo a crédito e fazendo investimentos de risco. Ficaram obcecadas com os ganhos de capital e com o que podiam comprar com novos cartões de crédito. Madonna captou perfeitamente esse espírito com a sua canção *Material girl*.

Para muitos, o dinheiro se transformou num novo deus adorado. Aplacando esse deus com muito trabalho e sacrifício, você mereceria as bênçãos da felicidade, do amor, da boa fortuna e da realização. Milhões de pessoas ganhavam dinheiro rápido e fácil na bolsa de valores, mas os níveis de estresse e de angústia aumentavam proporcionalmente.

Ao mesmo tempo que o mercado de ações prosperava, a escassez de moradia também crescia. Reagan, que claramente reconhecia o potencial do povo de transformar os sonhos em realidade, também ignorava por completo que alguns precisavam de mais ajuda do que outros. A indiferença e às vezes a hostilidade para com os pobres são limitações comuns daqueles que não são pobres.

Os programas sociais de auxílio aos doentes mentais foram cortados, e os elementos mais indefesos da nossa sociedade foram jogados nas ruas para se defenderem sozinhos. Alguns conseguiam enfrentar esse desafio, mas a maioria não era capaz. Morar nas ruas, em geral, tornava as coisas ainda piores. Como uma carreira de dominós que caem um a um, os sem-teto magnificaram o problema social do consumo de drogas.

Para escapar do sofrimento de viver na pobreza, os moradores de rua recorriam às drogas e, uma vez viciados, viravam traficantes. Com o aumento da oferta de drogas, as estatísticas do crime aumentaram demais. Os adolescentes começaram a rejeitar os valores dos pais de forma ainda mais dramática. Nunca antes a sociedade tinha testemunhado tanta violência doméstica. Por um lado, éramos encorajados a "meter a cara" e, por outro, diziam para "simplesmente dizer não".

Para aqueles que prosperaram e que tinham "uma boa vida", as dívidas imensas passaram a ser motivo de tremenda angústia. Com o aumento do custo de vida, tínhamos de trabalhar mais para pagar nossas contas. Para as mulheres que acabavam de começar a curtir suas novas oportunidades de galgar os degraus do sucesso, ficar em casa não era mais uma opção. Duas rendas eram uma necessidade para os casais se quisessem manter seu novo estilo de vida. Estávamos agora sofrendo as conseqüências e as pressões da gratificação instantânea e do fato de viver além das nossas posses. Obter o que você quer não vale nada se não tiver tempo para aproveitar. E, embora o dinheiro estivesse mais disponível, enfrentávamos a falta de tempo e o aumento das dívidas.

Durante esse período de mudança radical, homens e mulheres estavam motivados para ter e fazer de tudo. O otimismo saudável atingia novas alturas, mas também revelava novas limitações e desafios. Ter mais liberdade nos dá poder, mas também significa que somos forçados a fazer mais escolhas. Mais escolhas geram mais estresse e angústia. Nossas prioridades eram trabalho e sucesso, mas isso tinha um preço. "Sobrecarregado" e "estressado" viraram palavras de ordem.

Nos sete anos seguintes, essa extraordinária pressão para fazer e ter tudo seria bastante aliviada. Para reduzir o estresse, a sociedade começou a se concentrar no que era realmente importante, e não era o dinheiro. A sociedade agora tinha a chance de voltar para casa e reconhecer seus valores e suas responsabilidades.

Em 1982, não havia olhos sem lágrimas nos cinemas quando o adorável E.T. de Steven Spielberg definhava na cama, querendo telefonar para casa. Com essas palavras imortais, "telefonar para casa", a era da comunicação desbravava uma nova fronteira. Essa mudança abriu uma nova janela de crescimento acelerado e criatividade ilimitada sem precedentes na história.

6. TRABALHE COMO SE O DINHEIRO NÃO FOSSE IMPORTANTE.

Entre 1985 e 1992 os nossos valores deixaram de ser dinheiro, e as questões sociais adquiriram importância maior. Como conseqüência, entramos num período criativo de crescimento sem precedentes. Depois que a Apple Computers, e mais tarde, a IBM lançaram a primeira série de computadores pessoais, o mundo nunca mais seria o mesmo. Com uma rapidez inigualável, a indústria de alta tecnologia, que ainda engatinhava, cresceu milagrosamente e conquistou o domínio global sobre todas as outras indústrias. Cada célula de praticamente todas as sociedades do mundo se transformaram com o nascimento dos computadores pessoais.

Criatividade e motivação despontaram enquanto as pessoas eram propelidas para esse novo mundo de infinitas possibilidades. A mudança acelerada estava acontecendo em todos os lugares. As relações entre os EUA e a Rússia nunca estiveram melhores. Em 1985, Reagan esteve com Mikhail Gorbachev numa reunião histórica. As tensões entre as superpotências pareciam ter se dissolvido. Estávamos diante de uma "Nova Ordem Mundial" e, para termos sucesso, precisávamos estar abertos para a mudança e dispostos a aprender a usar a nova tecnologia.

Em 1987, a droga antidepressiva Prozac foi apresentada ao mercado e logo adotada por milhões de americanos. Nunca antes tantas pessoas tiveram a oportunidade de experimentar os benefícios e também as limitações criadas pela liberdade e pelo dinheiro. Com a experiência direta do que mais dinheiro pode comprar, começamos a entender que essa sedutora promessa de realização era em parte uma ilusão. Aprendemos que o dinheiro não pode nos proporcionar felicidade, que antes temos de ser felizes. Os sem-teto se viciavam em drogas para evitar a dor da pobreza, e os mais afluentes viraram dependentes de remédios psicotrópicos para enfrentar a depressão e as decepções que costumam acompanhar quem tem mais.

A eleição de George Bush em 1988 deu início a uma era "mais bondosa e gentil". Nos anos seguintes, o muro de Berlim caiu, o Dalai Lama ganhou o Prêmio Nobel da Paz, Nelson Mandela foi libertado da prisão na África do Sul, Lech Walesa foi eleito presidente da Polônia livre. Nossas prioridades começaram a mudar, e o respeito pelos direitos humanos ganhou proeminência.

Em 1989, essa nova onda repentina de abertura para a mudança foi sentida pelos jovens chineses na praça Tiananmen, mas seus esforços foram reprimidos pelos militares chineses. Apesar de os jovens estarem manifestando a necessidade dos direitos humanos, o governo foi lento para compreender a mensagem.

Em 1989, outra tragédia aconteceu, mais uma vez atraindo a sociedade para uma responsabilidade maior: houve um derramamento de petróleo do petroleiro *Exxon Valdez* no Alasca. Apesar de ter sido um desastre bem caro para o nosso precioso meio ambiente, serviu para alertar que é responsabilidade das grandes empresas corrigir seus erros e proteger o meio ambiente.

A sociedade estava explorando e reconhecendo valores antigos e novos. Subitamente a "maioria silenciosa moral" se manifestou pelos valores da família, e o governo começou a investir mais em programas sociais. Na direita política, o direito das mulheres de fazer aborto estava sendo seriamente contestado, e, na esquerda política os liberais começavam a apoiar estilos de vida alternativos. Na década de 1990 celebrações do orgulho gay despontaram não só em San Francisco e Nova York, mas na maioria das grandes cidades americanas, assim como em outros países por todo o mundo. Embora muitas pessoas não compreendessem a necessidade de estilos de vida alternativos, mesmo assim estavam dispostas a respeitar os direitos humanos.

Algumas pessoas se preocupavam, achando que estávamos entrando num período de decadência, mas outras consideravam que, respeitando os direitos humanos, seríamos mais responsáveis socialmente. A sociedade como um todo passou a admirar a integridade, não só o brilho do ouro. Os valores estavam mudando. Essa virada para um maior respeito pelos valores dos outros prenunciou um período de eficiência extraordinária e de crescimento acelerado.

A Guerra do Golfo Pérsico, em 1991, foi o conflito militar mais televisado de toda a história. Foi a estréia da CNN, que introduziu um noticiário com cobertura 24 horas no ar, e satisfez nossa nova insaciável sede de informações. Enquanto os mísseis caíam, o mundo inteiro assistia. Naquele mesmo ano, as leis do apartheid foram revogadas na África do Sul e acabaram com as sanções impostas ao país. Nos calcanhares da histórica ruptura da União Soviética, Boris Yeltsin tornou-se o primeiro presidente eleito livremente na Rússia. Ele proclamou formalmente o fim da Guerra Fria em 1992.

Enquanto os valores mudavam, nós fomos nos afastando das tensões da Guerra Fria e entramos numa banheira de água quente. Era hora de relaxar e de aproveitar o que tínhamos. De repente, homens e mulheres pararam de rejeitar um ao outro e passaram a querer a paz. Ao longo da história sempre vivemos em mundos diferentes. Agora queríamos viver juntos, com amor e paixão na Terra. Compreensão, confirmação e comunicação eram os meios usados para cruzar o abismo que havia entre homens e mulheres. E o mundo inteiro também começou a relaxar e a se conectar à medida que a nova tecnologia se aprimorava drasticamente e acelerava nossa capacidade de nos comunicar.

7. RELAXE COMO SE TUDO FOSSE SE RESOLVER.

De 1992 a 1999, "comunicação" passou a ser a palavra de ordem e foi considerada a solução para todos os problemas, no trabalho, em casa, nos relacionamentos, até com Deus. A alta tecnologia atingiu um nível ainda mais alto de comunicação com a invenção da Internet, que conectava o mundo inteiro. Com essa mudança específica o mundo analógico passou a ser digital. Mediante a comunicação mais eficiente de imagens e de informação, as oportunidades de mudança e de crescimento tornaram-se infinitamente mais rápidas. Nesse período as pessoas começaram a transformar seus sonhos em realidade.

Relacionamentos e romance viraram uma indústria próspera, com especialistas, programas e seminários propondo o aprimoramento da comunicação entre os sexos. As empresas contrataram consultores para inspirar uma comunicação melhor, a fim de aprimorar as condições de trabalho. Com tantas oportunidades de emprego, as empresas perceberam que, para manter seus empregados, precisavam atender às suas necessidades.

Meu livro *Homens são de Marte, mulheres são de Vênus*, um guia para aperfeiçoar a comunicação, tornou-se o livro mais vendido da década. Depois das audiências das testemunhas Clarence Thomas e Anita Hill no Senado, surgiram diversos cursos em toda parte para dar um fim ao assédio sexual no local de trabalho.

As pessoas queriam discutir tudo. "Vamos conversar sobre isso" transformou-se a nova opção de luta. Os pais começaram a ensinar aos filhos "use palavras" em vez de bater. Os programas de entrevistas conquistaram a televisão, e jornais e revistas de fofocas prosperaram. Da vida sexual do presidente Clinton à dieta atual de Oprah, às infidelidades da família real britânica, qualquer coisa que servisse como tema de mais comunicação era devorada. Levando idéias espirituais para as salas das casas de milhões de pessoas, *Touched by an Angel* tornou-se um dos programas mais populares da televisão americana. *Unsolved Mysteries*, *Arquivo X* e outros seriados que apresentavam acontecimentos estranhos e assombrosos começaram a aparecer. Histórias de experiências de pessoas que tinham morrido e voltado e visões do mundo do além se espalhavam, junto com milagres práticos, como a súbita cura espiritual de doenças físicas sérias.

Furacões, tornados, mudanças climáticas e terremotos dramáticos aconteciam com mais freqüência. Ocorreram mais desastres naturais nos anos 90 do que nos cem anos anteriores. Até as mudanças na Terra estavam aceleradas. A cada desastre, a impressionante força da natureza humilhava mais uma vez a humanidade. Isso despertou em nós a necessidade de Deus. O resultado foi que os sobreviventes se reuniam e pediam ajuda a Deus. Centenas de milhares de pessoas foram afetadas por essas tragédias. E provavelmente foram feitas mais orações nesse período do que em qualquer outro da história.

Para aqueles que eram mais conservadores por natureza, houve um ressurgimento do interesse pela religião. As igrejas e os templos passaram a atrair mais fiéis. Os que eram mais liberais buscavam a realização espiritual no movimento de crescimento pessoal que crescia vertiginosamente. Nesse período, os livros espirituais e os manuais de auto ajuda atingiram o topo das listas dos mais vendidos.

Apesar de as pessoas acharem que era impossível, os preços das ações continuaram a subir. Bill Gates, da Microsoft, ficou milionário praticamente da noite para o dia. No início dos anos 90, seus três bilhões de dólares fizeram dele o homem mais rico do mundo. Em poucos anos ele passou a valer oitenta bilhões!

Quase todas as pessoas passaram a investir, e os fundos de mutuários faziam mais dinheiro a cada ano. Os que investiam em ações de alta tecnologia fizeram milhões de dólares. À medida que a Internet ia conectando o mundo inteiro, as pessoas ficavam mais otimistas ainda quanto ao seu potencial. Pela primeira vez, investidores sérios compravam ações até de empresas que perdiam dinheiro. Empresas que ainda iam realizar seu potencial estavam sendo compradas por bilhões de dólares.

Muitas pessoas se ligavam à rede e investiam na Internet, enquanto outras investiam em seus relacionamentos e começavam a curar suas feridas de divórcios e famílias desestruturadas. No último ano do século XX, pela primeira vez desde 1969, o índice persistente de 50% de divórcios caiu para 20%.

Algumas pessoas tiveram a experiência de maior sucesso e amor, e outras começaram a explorar e a desenvolver seu potencial interior. O movimento do potencial humano conquistou níveis ainda mais elevados de popularidade. Ao mesmo tempo estávamos afundando numa crise da saúde pública. Era óbvio que as pessoas não estavam obtendo o serviço de que precisavam. Começaram a se livrar da dependência dos médicos tradicionais e partiram em busca de tratamentos alternativos.

Alguns se desiludiram com a medicina, outros se decepcionaram espiritualmente. Tinham escolhido o "caminho mais elevado", mas ainda não sentiam os muitos benefícios práticos na vida que as pessoas com menos fé conseguiam. Não parecia justo que pessoas realmente boas tivessem câncer, perdessem dinheiro ou se divorciassem. Parecia que ter fé, fazer o bem, perdoar e ser perdoado não bastava para colher os frutos da vida.

Se Deus estava ouvindo suas preces, como é que essas coisas horríveis podiam acontecer? Alguns se sentiam traídos por

Deus e outros se mantiveram abertos, mas rejeitaram a mensagem de Deus que chegava a eles por meio dos outros. Foram procurar as respostas em outro lugar. Por isso, durante toda a década de 1990, formas alternativas de desenvolvimento pessoal ficaram cada vez mais populares.

Para um segmento significativo da população nos anos 90 a prática religiosa continuou a aumentar. De repente, passamos a ver os livros espirituais sempre nas listas dos mais vendidos. Parecia que todo mundo estava lendo as histórias dos poderes milagrosos lendários da antigüidade. Os livros de Harry Potter começaram a vender e não eram lidos apenas por crianças, mas pelos adultos também.

Em 1998, Oprah lançou o *Change Your Life TV* e no fim de cada programa, exibia um segmento especial intitulado "Return to Spirit". O interesse pelas espiritualidades orientais também renasceu. Meditação e ioga voltaram a ser moda. Milhões de pessoas passaram a se interessar pelos benefícios práticos do budismo, segundo os ensinamentos de monges tibetanos exilados.

Em 1998, quando o Viagra surgiu no mercado, milhões de homens tomaram o remédio para curar a impotência sexual. A possibilidade do prazer imediato fez com que reconhecessem um problema que perseguia os homens por toda a história.

Quando passava dos quarenta anos, ou estando casado há muitos anos, o homem em geral perdia o desejo sexual. Em vez de considerar isso um problema a ser tratado, esse desinteresse súbito pelo sexo era visto de forma equivocada como um efeito natural da idade. O homem simplesmente aceitava o fato, em vez de reconhecer que era um problema de saúde que podia ser curado por meio de dietas alimentares, técnicas românticas e melhor comunicação.

Fora ganhar dinheiro, não há nenhuma outra arena na vida de um homem em que ele se sinta mais pressionado a ter um bom desempenho do que na relação sexual. Com o Viagra à disposição de todos e sem sofrer a pressão para ter um bom desempenho, a libido em declínio começou a renascer.

A última década do século XX nos fez despertar para a verdadeira possibilidade de realizar nossos sonhos em todas as áreas da vida. Nos cinemas, onde os sonhos em geral são possíveis, as vendas aumentaram demais. Os astros passaram a receber por filme vinte milhões, em vez de cinco. Os filmes de sucesso, em vez de fazerem de dez a vinte milhões de bilheteria, passaram a fazer centenas de milhões de dólares. Os Estúdios Disney, que tradicionalmente faziam filmes de contos de fadas e sonhos virarem realidade, prosperaram. Pela primeira vez desde os primórdios do cinema, fundaram um novo estúdio de cinema em Hollywood: o DreamWorks.

As mulheres que tinham lutado pelo feminismo, acreditando na promessa e no sonho de poderem ter tudo, descobriram que ainda faltava alguma coisa em suas vidas. Algumas se decepcionaram com o feminismo. Outras persistiam bravamente. Foram feitos progressos nas duas frentes. Os patrões admitiram horário flexível de trabalho. Muitas mulheres adiaram a maternidade ou deram um tempo em suas carreiras para seguir seus corações e passarem mais tempo com os filhos. Elas perceberam que podiam ter tudo, mas não necessariamente ao mesmo tempo.

CRESCENDO COM OS RICOS E FAMOSOS

Com a invenção da televisão, a vida das pessoas famosas passou a fazer parte da vida doméstica de todos. As pessoas lindas, dotadas, ricas, poderosas ou famosas enfrentavam julgamentos e provas dramáticas, e, muitas vezes, maiores do que o tamanho natural, e nós vivíamos essas provações com elas. Os problemas dos nossos líderes e astros passaram a ser nossos também. Junto com eles nós aprendemos com seus erros e perdas.

Gostando ou não, foi por intermédio da televisão que o mundo se transformou numa família global. Todos nós compartilhamos os mesmos amigos, as mesmas lágrimas e piadas todas as noites. Apesar de a televisão obviamente poder se transformar num vício e de alguns programas serem evidentemente impróprios para crianças, a invenção e o desenvolvimento da televisão ajudaram a unir a humanidade.

**Por intermédio da televisão o mundo
se transformou numa família global.**

Por meio da televisão, e dos filmes, pessoas de todas as culturas podem e de fato vivenciam a trama comum que existe dentro de todos nós, independente de raça, sexo, religião ou padrão de vida. A televisão possibilitou a conexão fácil da sociedade com as céleres mudanças do mundo. Tornando-nos cada vez mais conscientes das mudanças, as possibilidades de criar mudanças nas nossas vidas aumentaram drasticamente. A comunicação de idéias e de imagens através da TV fez a humanidade despertar para as possibilidades que existem dentro de cada pessoa.

UMA VISÃO DA GRANDEZA DE CLINTON

Até mesmo o turbilhão político serviu para aumentar a consciência. Com o ataque ao presidente Clinton nos anos 90, todos passaram a discutir sexo e fidelidade. Esse assunto precisava mesmo ser arejado, mas o escândalo todo serviu também a outro propósito. Bill Clinton mostrou ao mundo que nem o presidente é perfeito, e o mundo perdoou suas indiscrições. Invadir daquela maneira a vida pessoal dele era uma violação e, na prática, uma enorme perda de tempo dele e nossa, porém isso serviu a um propósito maior. Para a era dos milagres acontecer, as pessoas tinham de destronar carinhosamente seus heróis. Os eleitores perdoaram Clinton e, além disso, a mulher dele e a família também ficaram ao seu lado. Diminuímos nosso poder quando consideramos alguém "melhor do que nós" ou acima de nós de alguma maneira. Enquanto tratamos outros seres humanos como deuses, ou super-homens e supermulheres, não podemos reconhecer que Deus vive dentro de cada pessoa e que todos nós temos o mesmo acesso às graças Dele.

Clinton foi o mais humano de todos os presidentes americanos – uma coleção vulnerável de virtudes e vícios. Desde o início, ele verteu uma lágrima concreta na sua posse e exibiu um sentimento verdadeiro, do fundo do coração. Ele nunca afirmou estar acima do homem comum. Cresceu na pobreza e realmente se importava com os necessitados e os pobres. Independente de nossas convicções políticas, reconhecemos que ele é humano, e todos o respeitamos por seus nobres esforços para tornar o mundo melhor. Perdoamos os seus erros e não o consideramos menos por causa deles. Para seus defensores ele continua sendo um ser humano "verdadeiro" que é "verdadeiramente" genial.

Quando conseguimos vê-lo como alguém genial e humano, capaz de cometer erros, nos libertamos da idéia falsa de que temos de ser perfeitos para também sermos geniais. Ficamos livres da noção limitada que diz que os outros podem ser grandes, nós não. Todos temos uma grandeza dentro de nós, não importando quantos erros cometemos. Assim como perdoamos Clinton, podemos perdoar a nós mesmos. O que separa a mediocridade da grandeza é nossa capacidade de reconhecer os nossos erros, de perdoá-los e de aprender com eles. Essa foi uma das muitas dádivas que Clinton deixou para os EUA e para o mundo.

A VERDADEIRA MÁGICA DE OPRAH

Todos os dias, trinta milhões de espectadores em todo o mundo assistem entusiasmados a Oprah descer humildemente do pedestal dourado do poder, do fascínio, da fama e da riqueza. Quando ela revela suas provações e tribulações com tanta honestidade e coragem, os telespectadores sentem o poder de saber que ela entende o sofrimento deles. Ela também não está livre de cometer erros ou de ficar magoada. Ela também luta com problemas que envolvem seu corpo, seus relacionamentos e seu trabalho.

Quando ela afirma que você pode mudar sua vida, significa alguma coisa porque ela já fez isso e continua fazendo. Ela não é uma pessoa de sorte excepcional, que foi poupada de contratempos, sofrimento e decepções que todos nós vivemos. Ela não se distingue de sua platéia, mas dá o exemplo de como se pode retornar ao espírito e criar milagres práticos na sua própria vida. E, enquanto ela continua a aprender e a crescer, sua audiência também aprende e cresce. Se ela pode, sentimos que podemos também.

Oprah é um bom exemplo do novo mestre nessa era de milagres – alguém disposto a dividir suas vulnerabilidades e também de reconhecer com orgulho e demonstrar sua força e suas realizações. Quando os nossos heróis são como nós, temos a liberdade de descobrir o verdadeiro herói dentro de nós mesmos.

A MORTE DOS CONTOS DE FADAS

Em 1992, a princesa Diana e o príncipe Charles resolveram se separar. Quatro anos depois se divorciaram. Um ano depois do divórcio, Diana morreu tragicamente num acidente de carro. Nunca houve um interesse tão grande no mundo inteiro por um relacionamento. Esse casal representava as esperanças e os sonhos de todos. A cerimônia de casamento dos dois foi perfeita como nos contos de fadas, e o mundo inteiro assistiu pela televisão. O príncipe e a princesa tinham tudo quanto se pode esperar para ser feliz, mas não foram.

A cada dia o mundo assistia ao próximo infortúnio dos dois como se fosse uma novela, só que os problemas da vida deles eram reais. Diana era linda, carismática, charmosa, carinhosa, alegre e, para culminar, era casada com um príncipe vistoso, poderoso, inteligente e belo. Apesar disso tudo, a atenção romântica que ele dedicava a ela logo diminuiu, fazendo com que Diana sofresse.

A verdade concreta que Diana demonstrava era que ter tudo não significa nada quando não se é feliz nem amada num relacionamento. Muita gente já sabia que não se pode comprar a felicidade, mas não tinha prova disso. A vida triste e a morte trágica de Diana tornaram real esse conceito para as pessoas. A não ser que você realmente "tenha tudo", não poderá honestamente saber que ter mais não traz felicidade. A verdade que os ricos e privilegiados não eram necessariamente mais realizados deixava de ser apenas uma idéia e passava a ser um fato concreto.

A não ser que você realmente tenha tudo, não poderá honestamente saber que ter mais não traz felicidade.

O sofrimento de Diana só serviu para que as pessoas a amassem ainda mais. Sua vida e seu casamento ensinaram ao mundo que empinar o nariz e ter boa aparência não bastava. Diana tinha falhado na vida em sua busca de felicidade e amor, mas seus fãs a amavam incondicionalmente. Esse amor incondicional era a cura para todos nós. Significava que se as pessoas comuns também falhassem, elas também poderiam ser amadas. Essa foi uma das maiores dádivas de Diana para o mundo.

> A princesa Diana ensinou ao mundo que não basta manter o nariz empinado e ter boa aparência.

A capacidade de amar a nós mesmos, apesar de não sermos perfeitos, parte do reconhecimento de que os outros não são perfeitos, mas que mesmo assim, podemos amá-los. O que tornava Diana especial era sua busca constante de realização. Ela deve ter precisado de uma coragem enorme para seguir seu coração e deixar a família real. Foi uma mudança chocante a princesa de Gales abdicar da possibilidade de se tornar rainha da Inglaterra.

A princesa Diana representou a nova mulher dos anos 90, que não estava disposta a se contentar com um relacionamento sem o verdadeiro amor e romance. Se não podia obter amor, preferia então desistir de tudo e recomeçar. Conseqüentemente, as pessoas se animaram a seguir seus corações também. Se Diana podia considerar suas necessidades mais importantes do que a tentativa de estar em conformidade com as tradições do passado da realeza, então nós também podíamos deixar de lado nossas antigas tendências de nos sacrificarmos demais e passarmos a seguir nossos corações.

DESTRONANDO OS ÍDOLOS

Destronar os "grandes" ou os "ídolos" das massas nos últimos dias do século XX serviu para libertar nossa consciência e para despertar nossa capacidade de vivenciar o novo poder prático da nossa grandeza interior.

8. CONVERSE COM DEUS COMO SE ELE ESTIVESSE OUVINDO.

Os anos entre 1999 e 2006 vão completar esse ciclo de 56 anos do despertar para o nosso novo potencial interior de criar milagres práticos. Esse passo será dado especialmente com a ajuda de Deus. Em 1999 e no ano 2000, no lugar do fim do mundo previsto pelos avisos da Y2K, nós continuamos a viver um crescimento e um otimismo sem precedentes. Tal crescimento só persistirá se as pessoas começarem a utilizar esse novo poder para criar amor duradouro, para aumentar o sucesso e para ter uma saúde perfeita. Certamente haverá altos e baixos, mas o crescimento obtido não terá precedentes na história.

9. BANQUETEIE-SE COMO SE PUDESSE TER TUDO QUE DESEJA.

Os anos entre 2006 e 2013 serão o início de um novo ciclo e um novo começo para o mundo. Com os avanços radicais da tecnologia interna e externa, todos os povos terão acesso a mais estudo, a horários flexíveis de trabalho e a inúmeras oportunidades de transformar seus sonhos em realidade.

Os valores globais se ajustarão para incorporar nossa consciência mais avançada, que é capaz de criar milagres práticos. O mundo que todos sonhamos para nós e para aqueles que amamos deixará de ser um ideal abstrato e se tornará uma realidade concreta.

Os problemas continuarão a existir como sempre, mas em vez de criar conflito e corrupção, eles servirão de inspiração para maior cooperação, compaixão, igualdade e justiça em todo o mundo. Enfrentando nossos novos desafios juntos, vamos expressar e sustentar um novo poder que a humanidade apenas vislumbrou no passado. As pessoas serão livres para escrever a própria história de vida e desenvolver os muitos dons que existem dentro delas, os quais elas nasceram para desenvolver e partilhar.

SABEDORIA ANTIGA E BOM SENSO

Em cada uma das últimas explosões de crescimento dos sete anos a humanidade foi aprendendo e reunindo a sabedoria antiga de todos os tempos. Verdades que, no passado, apenas os mais esclarecidos e educados podiam esperar compreender passaram a se tornar experiências pessoais e de senso comum. Nesses últimos cinqüenta anos, o fruto da nossa consciência amadureceu, e nos preparamos para começar a reavaliar tudo em que sempre acreditamos ou não, e para verificarmos nós mesmos o que era verdade. Com apenas um pouco de trabalho ou esforço, podemos agora fazer acontecer coisas que nunca imaginamos possíveis. Podemos começar a compreender as respostas das perguntas que há muito carregamos no fundo do coração. Esse é o momento em que todas as nossas preces poderão ser respondidas e todos os nossos sonhos realizados. A possibilidade está aí, mas cabe a nós, utilizando nossa nova capacidade, concretizá-la.

6
A VIDA SEM PESO

A vida não é um peso quando você se sente seguro e autossuficiente. Com a experiência direta do seu poder interior de criar milagres você descobrirá uma fonte de energia dentro de você. Ao usar essa força, seu poder de criar milagres práticos aumenta. Se tivermos segurança e a vida apresentar grandes problemas, estes deixarão de ser cargas enormes. Ao contrário, os grandes problemas se transformam em grandes desafios que fazem despontar mais ainda a sua grandeza.

Quando um problema nos faz sentir sobrecarregados ou fecha a porta do nosso coração, isso é sinal de que nos desligamos do nosso verdadeiro poder. É sinal de que devemos nos concentrar na reconexão com o nosso poder interior antes de tentarmos fazer qualquer mudança no mundo exterior. É a hora de pensarmos em perdoar e esquecer, para que possamos chegar ao momento presente e tirar o maior proveito possível da situação. Quando estamos conectados no momento presente com o que somos realmente, sentimos sempre uma certa paz, alegria, confiança ou amor. Esses sentimentos positivos afloram sempre que deixamos o passado para trás e nos concentramos no que podemos fazer agora para criar um futuro melhor. Quando retornamos ao que somos no presente, deixando de lado a dor do passado, passamos a viver cada vez mais a paz, a alegria, a confiança e o amor que estão sempre em nossos corações.

Quando a vida se transforma numa perturbação emocional e não conseguimos superar rapidamente nossos sentimentos para nos livrarmos do sofrimento, isso é sinal de que devemos esquecer o problema imediato temporariamente e resolver o problema mais importante. Inicialmente temos de remover o bloqueio que há dentro de nós e sentir novamente o nosso poder para gerar uma atitude positiva autêntica que reflita o nosso ser verdadeiro e o nosso poder. Quase sempre, quando sentimos essa angústia emocional, é porque esquecemos que temos o poder de crescer em qualquer circunstância.

DEPENDÊNCIA EXCESSIVA DOS RELACIONAMENTOS

Sempre que as decepções bloqueiam nosso amor, nossa confiança e o apreço que temos pelo nosso parceiro, isso indica que nos tornamos dependentes demais. A dependência excessiva é um hábito antigo que agora pode ser rapidamente resolvido, à medida que você comece a despertar seu potencial interior para ser feliz e seu potencial amoroso. Aprendendo a seguir seu coração e a fazer o que você gosta a maior parte do tempo, você automaticamente passa a depender menos do seu parceiro. Com essa auto-suficiência maior, você poderá perdoar com mais facilidade e aprender a amar como se fosse a primeira vez. Esse é um dos milagres práticos que você vai vivenciar todos os dias.

Sem esse poder, sempre parece que o nosso companheiro, a nossa situação econômica, ou alguma outra circunstância externa é responsável pelo nosso sofrimento ou aborrecimento. A boa notícia é que nós sempre somos responsáveis pelo que sentimos. É claro que podemos afetar os outros com nossas atitudes e nossos atos, mas não podemos controlar completamente o mundo exterior. No entanto, podemos controlar nosso mundo interior. Cada pessoa hoje pode começar a usar seu potencial interior para gerar sentimentos de amor e de confiança.

FURACÃO E AS BÊNÇÃOS DO PERDÃO

Essa mensagem de perdão é maravilhosamente exemplificada com a história da vida de um campeão mundial de boxe invencível chamado Rubin "Furacão" Carter. Sua história verdadeira e inspiradora é contada num filme baseado em sua vida, intitulado *Furacão*. Ele foi vítima da discriminação racial e passou a maior parte da vida preso, injustamente. Passando por uma série de decepções e desafios, ele acabou conseguindo encontrar a paz interior por meio do perdão, enquanto ainda estava na prisão. O clímax do filme é quando ele entende e afirma, ainda na prisão: "Meu ódio me pôs nesta prisão e o amor me libertou."

Esse homem corajoso foi capaz de perdoar a mais terrível discriminação, injustiça, humilhação e abuso, e ainda assim encontrar a paz e sentir amor em seu coração pelas pessoas que tão injustamente o maltrataram. Assim como Cristo foi capaz de perdoar seus torturadores, Furacão, o lutador invencível, foi capaz de encontrar perdão em seu coração.

Furacão encontrou sua liberdade quando ainda estava na prisão. Seu milagre foi livrar-se do ódio que ele disse que governava sua vida. Seu segundo milagre foi ser libertado da prisão. Primeiro ele se libertou. Depois, finalmente, a verdade da inocência dele foi revelada, e o libertaram da prisão.

Primeiro a liberdade interior e depois a liberdade externa foram bênçãos da capacidade de perdoar. Descobrindo o perdão em seu coração, ele podia ter mais sucesso nas tentativas de mudar o mundo exterior. Quando mudamos nossa atitude interior com relação ao mundo, o mundo lá fora começa a refletir o nosso estado interior e a se modificar de alguma forma. Apesar de jamais termos o poder real de controlar os outros, podemos ampliar ao máximo a nossa influência.

Quando perdoamos uma injustiça, começamos a atrair mais justiça. Se não perdoamos, a tendência é atrair mais injustiça. Certamente essa injustiça não é culpa nossa, mas de alguma forma somos atraídos para o mesmo tipo de situação quando não perdoamos. Quando aprendemos a perdoar, atraímos situações melhores. Quando estamos demonstrando nosso lado positivo, podemos não receber a justiça que merecemos, mas recebemos mais.

Quando Furacão perdoou os erros dos outros, os perpetradores dessa violência começaram a enxergar a injustiça dos seus atos. Embora fosse uma vítima e não tivesse nenhuma responsabilidade pelo preconceito contra ele, Furacão superou aquela situação angustiante através do perdão. Assim o seu poder de modificar o mundo externo também aumentou. É a coragem e a força de pessoas como Furacão que têm ajudado a comover e a preparar a humanidade para essa nova era.

A transformação de Furacão é um exemplo do tipo de milagre que é possível hoje. Durante milhares de anos, as tradições espirituais nos ensinaram a aceitar as limitações do mundo e a encontrar a liberdade e o amor dentro de nós. Para os aspirantes à espiritualidade no Ocidente, a vida era um processo que devíamos suportar com amor e caridade, e a recompensa seria o céu. Para os que buscavam a espiritualidade no Oriente, atingindo um estado interior positivo de serenidade e compaixão esperava-se chegar à *moksha* – o esclarecimento, o nirvana. Cada um é um nome diferente de um estado de elevação espiritual, livre do sofrimento.

Essas mensagens limitadas eram perfeitamente apropriadas para as pessoas daquela época, porque era tudo que elas podiam esperar conseguir. A maioria das pessoas ainda não estava preparada para atingir seu potencial mais elevado. Agora estamos prontos e podemos criar o paraíso na Terra e viver livres de todo sofrimento.

Hoje em dia, modificar nosso estado interior é muito mais fácil e rápido do que antes. Com nossas novas habilidades, podemos aprender bem depressa a modificar nosso estado interior e começarmos a nos concentrar mais em criar o milagre da mudança do mundo externo. Não precisamos mais esperar o dia em que o mundo externo vai mudar. Agora é a hora de seguir o exemplo de Furacão Carter e começar a fazer isso. Felizmente essa mudança agora é muito mais rápida e fácil.

CARMA INSTANTÂNEO

John Lennon foi o primeiro a popularizar essa idéia de mudança rápida em sua música, "Instant Karma". A idéia básica é que o mundo reflete imediatamente o seu estado interior. Essa não era a experiência de todo o mundo, mas era a dele. Como ele tinha muita consciência do seu mundo interior, dos seus sentimentos, podia expressar seu gênio criativo extraordinário. E, com essa consciência plena do seu mundo interior, John descobriu que a todo momento, de alguma forma, o mundo externo refletia o seu estado interior. Isso na verdade acontece com todo o mundo, mas muitas pessoas simplesmente não têm consciência do seu estado interior.

O princípio do carma instantâneo é que, se você está se sentindo realmente bem por dentro, então "instantaneamente" as pessoas com quem você interage tendem a fazer com que você se sinta muito bem. Se você está angustiado e com pressa, então a fila que você escolhe no supermercado será sempre a mais lenta e você ficará mais apressado ainda. Se você estiver zangado, as pessoas farão coisas para deixá-lo mais zangado ainda. Se você se sente como vítima, as pessoas farão coisas para que você se sinta mais vítima ainda. Por outro lado, se deixar sua raiva de lado, as pessoas também deixarão de lado suas raivas.

Carma instantâneo significa que o que você põe para fora é o que você recebe – instantaneamente. Quer dizer que todo o processo fica acelerado. O mundo espelha você nesse momento. A idéia hindu tradicional de carma, ou a idéia cristã de que "você colhe o que plantou", reconhecem que o que você recebe é o que você externou no passado. Se você plantar milho, colherá milho. Se não plantar milho, não colherá milho. Isso era um ensinamento avançado há milhares de anos, mas hoje a maioria das crianças de dez anos é capaz de entender perfeitamente.

A versão atualizada do carma é um pouco mais complicada, mas ainda é fácil de entender. Você ainda tem de plantar milho para colher milho, mas independente do seu passado, você não sofre de bloqueio nenhum para plantar milho. No modelo antigo, se você tivesse sido mau numa vida passada, não tinha o direito de plantar milho na vida seguinte. Num certo sentido, você tinha de ser punido até merecer uma outra chance.

Carma instantâneo significa que a todo momento, seja qual for o seu comportamento, ele voltará para você. Em qualquer momento, se você tiver consciência do que está demonstrando, poderá optar e criar um novo resultado. Em qualquer momento, independente do seu passado, você pode plantar milho e logo colher uma deliciosa safra de milho dourado. Não precisa passar a vida toda ou pagar uma pena na prisão, sofrendo por seus crimes.

Para simplificar, vamos estender essa analogia da plantação de milho. No passado, se a pessoa tivesse fome e não possuísse milho, concluíam erroneamente que essa pessoa não merecia e que valia "menos do que as outras" que tinham milho. Era como se os ricos comedores de milho fossem pessoas melhores e, por isso, mais merecedoras da graça e da providência divina. Não ter milho significava que a pessoa estava sendo punida por Deus ou afastada do favorecimento divino. Isso não era verdade naquela época e não é verdade hoje. Embora seja simples entender esse conceito hoje em dia, as pessoas no passado não entendiam. Elas ainda estavam se esforçando para compreender o ABC da teoria de causa e efeito.

UMA BREVE HISTÓRIA DO CARMA

Bondade gera bondade e maldade gera maldade – essa era uma idéia nova cinco mil anos atrás. No Egito antigo e na região de Samaria, em vez de sentir que eram diretamente responsáveis pelo que acontecia, as pessoas acreditavam que estavam sempre sob o ataque de demônios e de maus espíritos. A proteção contra essas energias negativas era obtida aplacando os deuses.

Aos poucos, a humanidade evoluiu e compreendeu que os pensamentos e atos tinham muita influência no que acontecia na vida de uma pessoa. Isso ocorreu simultaneamente à idéia de que havia um único Deus dentro de todos os deuses menores e que esse Deus único também vivia dentro de nós. Essa mudança alimentou uma consciência maior da nossa responsabilidade pessoal pelos resultados que obtemos na vida. Descobrindo Deus dentro de nós, passamos a ter acesso ao poder de criar milagres.

Quando as pessoas finalmente compreenderam a idéia do carma, ou a teoria de causa e efeito, a idéia que veio a seguir foi a do perdão. A sociedade tem se debatido com essa idéia nos últimos duzentos anos. Era difícil porque parecia contradizer as leis do carma, ou a noção de causa e efeito, que exigia olho por olho. Como nós finalmente conseguimos compreender o perdão, a porta se abriu para criar milagres.

CARMA E CASTIGO

Toda ação tem uma conseqüência, mas, ao mesmo tempo, ninguém merece castigo. Uma das implicações práticas do perdão é que nos livramos da nossa necessidade de punir. Se alguém dirige mal, a conseqüência misericordiosa é que esse alguém perde a carteira de motorista e fica sem ela até aprender e provar que pode ser um bom motorista. O fato de amar o perdão não dá aos outros o direito de abusar de nós; ao contrário, nos deixa livres para corrigir uma situação com amor e com a intenção de educar, não de revidar, nem punir.

O benefício prático é que perdoar os outros nos liberta da dor que o outro provocou em nós. Quando tiram a carteira de motorista, não estamos castigando, e sim protegendo os outros, até que aprendamos a dirigir. Desistir de punir é liberdade para nós e para a sociedade, que assim pode reabilitar o infrator, em vez de piorar ainda mais o problema.

Quando reagimos aos erros e maldades dos outros com a intenção de punir, privar, revidar ou fazer com que alguém se sinta culpado, além de ferir esse alguém, isso também nos prende ao passado. Não serve a nenhum objetivo saudável.

Quando justificamos nossa intenção de fazer o outro sofrer impondo um castigo, estamos aumentando e alimentando a dor que ele causou em nós, em vez de deixar passar.

A nossa justificativa para o castigo poderia soar assim: "Eles merecem um castigo terrível, porque seus atos me impedem de ser feliz. Eles devem pagar o preço e compensar a minha dor. Eles não têm o direito de ser feliz se estou sofrendo tanto com o que fizeram comigo."

Com essa declaração para justificar nossos atos e atitudes punitivas, estamos afirmando a nossa impotência para criar uma vida melhor. Essa atitude punitiva é uma situação sem vencedores. Nós perdemos e o perpetrador também perde. É muito difícil deixar nosso passado para trás e encontrar a realização no presente quando punimos, ou mesmo quando desejamos punir os outros.

Perdoar é liberar quem nos ofende de qualquer dívida para conosco. Quando o perdoamos, ele ganha e nós ganhamos. Deixando para trás, ficamos livres para viver o momento e começar de novo, fazendo o melhor possível com o que aconteceu e seguindo em frente. Concentrados no que perdemos ou na dor que sentimos, somos forçados a viver outra vez no passado. É ótimo lembrar o passado e aprender com ele, mas ficar agarrado ao passado limita o nosso poder de criar o nosso futuro. Preso ao passado, você permite que outra pessoa continue a criar o seu futuro.

Agarrados à dor do passado, permite que outra pessoa continue a criar o nosso futuro.

Se acreditamos que os outros merecem castigo, então acreditamos que nós merecemos castigo, e o resultado é que continuamos a nos punir consciente ou inconscientemente pelos erros que cometemos. Muitas pessoas boas e amorosas não progridem na vida e não exercitam seu verdadeiro poder, porque têm medo demais de correr riscos. Elas têm muito medo de cometer erros e de manchar sua pureza, ou de parecer incompetentes de alguma forma. Esse medo impede que elas sigam seu coração.

Os erros são uma parte natural do crescimento. Sem o perdão para os erros não nos sentimos seguros para arriscar a possibilidade de cometer um. A maioria das pessoas teme que, se cometerem erros, perderão o amor ou o sucesso para sempre. A verdade é que elas podem de fato sofrer uma perda, mas não será para sempre. Quando você se dá permissão para experimentar mais e cometer alguns erros, abre a porta para uma mudança milagrosa e acelerada.

Se você se limitar ao que funcionou para os outros, ou até para você mesmo, quando a sua alma quiser experimentar uma coisa diferente, estará bloqueando o rio de energia vital que quer fluir por você. Muitas vezes a fadiga que sentimos quando ficamos mais velhos é o resultado desse bloqueio da nossa força natural de vida.

A IDÉIA DESATUALIZADA DO CARMA

A velha noção desatualizada do carma é que o que você fez no passado volta para você, e estará sempre retornando. Por exemplo, o que você fez numa vida passada determina a sorte que você terá nesta vida. Se você foi bom, receberá coisas boas. O seu passado cria o seu futuro. Essa mesma idéia é compreendida pela ciência. Para toda ação há uma reação igual e contrária. Por isso, se eu jogo uma bola contra uma parede, ela volta para mim. Se eu envio amor para você, ele volta para mim. Isso agora já é do conhecimento de todos e estamos preparados para o próximo nível de compreensão: o seu passado cria o agora e o agora cria o seu futuro.

Aprendendo a usar o seu poder criativo interior, você pode viver este momento e começar a criar conscientemente o futuro almejado. A capacidade de perdoar liberta da influência do passado e liberta para se estar no presente e se criar algo novo. Se você mantiver os outros presos ao passado e resistir ao perdão, estará se ligando ao passado e não será capaz de criar uma nova vida a partir desse momento.

Se alguém roubou o seu dinheiro, ao perdoar essa pessoa você fica livre para criar ainda mais dinheiro a partir do momento presente. Mas se, ao contrário, você se agarrar à sua mágoa e fechar seu coração, estará perpetuando a perda. Fazendo-se de vítima, você continuará a atrair ou a ser atraído para as situações que lhe provocam essa sensação de vítima.

A limitação da teoria do carma é que, pelo resto de sua vida, você tem de sofrer as conseqüências de seu passado. É como dizer que você nasceu numa família pobre e sem educação e que, para ser feliz, você precisa aceitar esse seu quinhão na vida. Hoje em dia, nós consideramos essa idéia absurda, mas ela foi aceita no mundo por milhares de anos.

Os princípios de democracia da fundação dos Estados Unidos na verdade são conceitos espirituais avançadíssimos.

O antigo conceito de carma diz que seu futuro é determinado pelo que você fez ou deixou de fazer, pensou ou deixou de pensar, acreditou ou deixou de acreditar, sentiu ou deixou de sentir, disse ou deixou de dizer, prometeu ou deixou de prometer, precisou ou deixou de precisar, etc. O novo conceito do carma instantâneo é que o seu futuro é determinado pelo que você faz, pensa e sente hoje, e isso agora é opção sua. Quando as pessoas não tinham consciência do seu mundo interior e do que sentiam, elas não tinham opção, mas agora temos essa consciência, ou podemos aprender rapidamente a tê-la. Seguindo os nove princípios você está exercitando o seu poder de viver o momento e de escolher as suas reações à vida, em vez de continuar reagindo automaticamente.

No passado, se você adoecia e, depois de consultar um curandeiro não ficava curado, você concluía que estava sendo punido por Deus, ou que precisava sofrer mais para ser redimido ou curado. Jesus, o grande mestre com poder de curar, veio para desfazer essa incompreensão. Sua mensagem dizia que todos serão perdoados. O Deus de quem ele falava, com quem convivia diretamente, não era punitivo, e sim misericordioso. Ao abrirem seus corações para Jesus, as pessoas eram curadas, independente do que tinham feito no passado.

CARMA E GRAÇA

Duzentos anos atrás, a graça ou a libertação do carma do passado por meio do perdão era incompreensível. Apesar de Jesus e dos outros grandes mestres terem ensinado essa mensagem para as massas, a maioria das pessoas não compreendia. Era uma idéia realmente nova. Os mestres modernos passam essa mesma mensagem de perdão e, finalmente, as pessoas estão começando a entender. As palavras são praticamente as mesmas, porém como ocorreu essa mudança na consciência mundial, conseguimos entender. Agora estamos prontos para abrirmos os corações e experimentarmos a graça que vem quando conseguimos amar outra vez, e outra, e outra, como se fosse a primeira vez.

Antigamente, as pessoas não tinham acesso ao seu verdadeiro eu e não tinham consciência dos seus verdadeiros sentimentos. Não conheciam os seus motivos, as crenças e os sentimentos que acabavam determinando suas palavras, seus atos e os resultados deles. Sem essa consciência do seu mundo interior, elas não conseguiam criar mudanças. Quanto mais consciência elas têm do que sentem, mais conseguem notar que as escolhas que fazem, interagindo no mundo, geram um reflexo que é como um espelho.

Isso não quer dizer que somos totalmente responsáveis pelo comportamento dos outros ou pelo que acontece à nossa volta, mas sim que fazemos escolhas o tempo todo e que isso influencia os outros. Nunca somos responsáveis pelos outros, mas temos sim o poder de tirar o melhor ou o pior de cada situação. Quando agimos movidos pela raiva e pela intolerância, por exemplo, a tendência é atrair raiva e intolerância do outro. Quando conseguimos nos libertar da tendência de trancar nossas mentes e corações, passamos a ver que, cada vez mais, as pessoas com quem resolvemos interagir se abrem para nós.

Todo pai ou mãe já teve essa experiência: um filho que é amado de todo coração tem o poder de evocar mais interesse, compaixão e amor. Da mesma forma, quem nós somos por dentro exerce uma influência no mundo à nossa volta, e isso independe do que dizemos ou fazemos.

Além do mais, nós afetamos o mundo com pensamentos, sentimentos e desejos dos quais nem temos consciência. O benefício proveniente da consciência dos nossos sentimentos mais profundos é que assim temos a opção de modificá-los e aumentar nosso poder de extrair o melhor de cada situação. Eis alguns exemplos:

- Estar conectado com o seu eu tranqüilo não faz uma fila de caixa de supermercado andar mais depressa, mas desperta a sua intuição para escolher uma fila mais ágil.

- Estar conectado com o seu eu alegre não traz uma pessoa amada de volta à vida, mas ajuda a curar a sua dor e a lembrar os momentos felizes que vocês tiveram juntos. Você fica motivado a seguir em frente e a reconstruir a sua vida, encontrar o amor, a alegria e a felicidade novamente.

- Estar conectado com o seu eu confiante não lhe dá todas as respostas nem faz com que os outros confiem em você, mas o motiva a ver seus erros com maior clareza. Você fica motivado a buscar ajuda quando necessário, para cometer menos erros e merecer a confiança dos outros.

- Estar conectado com o seu eu amoroso não garante que o seu companheiro será sempre carinhoso com você, mas afeta o seu modo de dizer as coisas e de reagir ao que o seu companheiro diz. Desse modo, você realmente tem o poder de inspirar o melhor que ele tem para dar nesse momento.

A mágica dos milagres é simplesmente remover as barreiras que nos impedem de destilar o melhor que cada situação tem a oferecer e depois seguir em frente. Esse conceito se transforma numa experiência à medida que você vai se conscientizando do que está projetando.

Algumas pessoas lutam para ter um espírito positivo, mas depois não sabem por que os outros são tão maus com elas. Há muitos motivos para isso. O carma instantâneo não é o único princípio que governa o nosso relacionamento com o mundo externo.

Pode ser que as pessoas sejam más com você porque você não está fazendo o que a sua alma deseja, e o mundo resiste a você. Simplesmente você está nadando contra a correnteza e naturalmente a vida fica mais difícil. Pode ser também que você seja atraído por pessoas más na sua vida para poder aprender a ser compreensivo e tolerante. Muitas vezes, quando a nossa alma quer crescer, sentimos atração por situações que representam desafios para nós e que nos tornem mais fortes. Existe uma variedade de fatores que determinam o nosso mundo exterior e sobre alguns nós não temos controle.

Para compreender o carma e a nossa responsabilidade pessoal na vida, é importante não concluir que tudo é resultado do carma do passado. É hora de atualizar o nosso raciocínio com mentes e corações abertos para podermos analisar muitas idéias e possibilidades ao mesmo tempo. É importante reconhecer nesta era de milagres que qualquer crença que impeça você de sentir-se bem consigo mesmo e que não seja inspiradora deve estar incorreta ou simplesmente ser mal compreendida. Este é o momento de uma grande faxina no mundo. É o momento de jogar fora as coisas que realmente não servem para nós e de abrir espaço para as novas idéias e crenças que podem servir ao nosso novo potencial de criar milagres.

7
NOSSAS NOVE
NECESSIDADES BÁSICAS

Existem nove necessidades básicas que, quando atendidas, nos dão o poder de criar milagres práticos. Temos sempre todas elas, mas, dependendo da nossa idade, uma específica se torna especialmente importante, ou significativa, à medida que continuamos a nos desenvolver e amadurecemos com a vida.

Em cada estágio da vida, mais ou menos de sete em sete anos, uma mudança significativa ocorre e uma nova necessidade aparece. Nos sete anos seguintes essa nova necessidade passa a ser nossa motivação mais importante. Atendendo a essa necessidade, podemos desenvolver nosso potencial de acordo com a idade e criar a base para o desenvolvimento máximo no próximo estágio.

Sem o suporte adequado que precisamos em cada estágio não conseguimos concretizar nosso potencial interior plenamente. Num estágio posterior lutamos ainda mais porque não nos preparamos nem construímos a sustentação adequada anteriormente. Dessa forma, até um certo ponto, não conseguimos avançar por causa do nosso passado.

Sem o suporte adequado, não conseguimos concretizar o nosso potencial interior.

Essa limitação pode ser superada. Somos adultos nos conscientizando do que não temos, e podemos assumir a responsabilidade de preencher esse vazio e de darmos nós mesmos o que não tivemos antes.

Por exemplo, se uma criança não dormir ou não se alimentar direito, seu corpo não poderá se desenvolver da maneira saudável e plena que deveria. Nós, adultos, não dependemos mais dos nossos pais para receber o que precisamos. Podemos dar para nós mesmos bastante sono e a alimentação saudável que não tivemos, e finalmente criar a base para ter uma saúde perfeita.

Do mesmo modo, o fato de não recebermos amor e apoio suficientes para aprendermos a gostar de nós mesmos vai afetar e limitar todos os estágios seguintes do nosso desenvolvimento. Muitas de nossas limitações e lutas que travamos no presente se devem às necessidades não satisfeitas em nosso passado. Se dedicarmos algum tempo para reconhecer o que não recebemos, poderemos compreender com mais clareza o que temos de dar a nós mesmos no momento presente.

Felizmente, agora temos o poder de dar a nós mesmos o amor e o apoio que faltaram e de superar as limitações do nosso passado. Enquanto exploramos as condições ideais de desenvolvimento, lembre sempre que elas são *ideais*, e que ninguém consegue ter todas. Todos nós crescemos num mundo limitado e desafiador, mas, em última análise, quando aprendemos a enfrentar esses desafios, apesar das privações que tivemos, podemos ficar mais fortes.

Ao reconhecer o que faltou você pode despertar aquelas partes reprimidas ou negadas do seu verdadeiro eu. Com esse processo, novas oportunidades se abrem para você crescer e se transformar. Quando começar a suprir as necessidades que não foram atendidas, você sentirá o poder de criar milagres práticos. Vamos examinar os nove períodos diferentes de idades e as necessidades básicas de cada estágio de desenvolvimento.

1º ESTÁGIO: VULNERABILIDADE, CUIDADOS E DEPENDÊNCIA

Do nascimento até os sete anos, seguimos basicamente a liderança dos nossos pais. Nossa principal forma de aprender é imitando os dois. Se eles nos amam, aprendemos a dar valor a nós mesmos e que merecemos amor e apoio. Se eles são responsáveis, aos poucos aprendemos a confiar.

Quando nos dão bastante amor nos primeiros sete anos de vida, tornamo-nos capazes de sermos vulneráveis e de desenvolvermos nossa capacidade de reconhecer nossas necessidades. Quanto mais confiamos que receberemos o que precisamos, mais conscientes das nossas necessidades ficamos. Uma criança negligenciada em geral não reconhece as próprias necessidades.

Tendo sempre recebido o apoio necessário, quando ficamos mais velhos, automaticamente concluímos que tudo dará certo para nós. Em geral, os vícios, a desconfiança ou as carências se desenvolvem quando somos privados das necessidades básicas na infância, como atenção, carinho, compreensão, segurança, alimento, sono, rotina e afeto.

Quando nossos gritos são ouvidos e cuidam de nós na infância sentimos esperança e otimismo saudáveis. Logo nos sentimos inspirados para crescer, mudar e aprimorar nossa vida. Temos uma base sólida para cuidarmos de nós mesmos e dos outros mais adiante na vida. Se alguém estava do seu lado num momento difícil quando você era jovem, então mais tarde fica mais fácil pedir ajuda e também dar apoio aos outros. Esse estágio é a base do primeiro princípio para criar milagres práticos: **acredite que os milagres são possíveis.**

2º ESTÁGIO: DIVERTIMENTO, AMIZADE E INTERDEPENDÊNCIA

Dos sete aos quatorze anos, basicamente obedecemos regras. Participar de jogos estruturados e seguir regras específicas nos dá segurança para explorar quem nós somos. Brincar nos ensina a gostar do processo em si, em vez de tornar a nossa alegria dependente da vitória ou de ser o melhor. Aprendemos com a experiência que as amizades, o convívio e a cooperação são as coisas que nos dão mais satisfação.

Com o apoio e a segurança da amizade, nos nossos próximos sete anos poderemos desenvolver nossa capacidade de aproveitar a vida, de nos divertir e de sermos feliz. Com apoio suficiente para nos divertir aprendemos que "é só um jogo" e que a diversão é mais importante do que a vitória. Com bastante divertimento, aprendemos que a nossa maior alegria não depende de ganhar ou perder, mas do modo como jogamos.

Nesse estágio a criança aprende que ganhar certamente é divertido, mas que o nosso modo de jogar é mais gratificante.

Quando aprendemos que não precisamos ganhar para que nos amem, desenvolvemos nossa capacidade de nos divertir independente do resultado. Os jogos de times são especialmente bons, porque apesar de talvez não termos a habilidade para vencer, o nosso time pode vencer, e nós fazemos parte do time. Se nosso time perde, sabemos que a derrota não se deveu à "nossa má sorte", incompetência, ou inadequação. Com apoio e alegria, nos desinibimos e podemos nos expressar melhor. Somos capazes de dar valor ao apoio que recebemos dos outros e, em troca, assumimos riscos com muita coragem para apoiar os outros.

Nesse estágio, com a rede de proteção formada pelo amor incondicional dos nossos pais, começamos a ousar expressar quem somos sem nos preocupar com o que os outros pensam de nós. Sem pressão para nos comportarmos bem, nos apresentarmos bem ou termos um certo desempenho, aos poucos vamos compreendendo a lei de causa e efeito. Aprendemos que o ato de dar é quase sempre recíproco. Essa segurança interior fornece a base para o segundo princípio para criar milagres práticos: **viva como se fosse livre para fazer o que quiser.**

Sem pressão para agir de uma certa forma ou ter um certo desempenho, aos poucos aprendemos a lei de causa e efeito.

Desenvolvemos com facilidade nossa capacidade de compartilhar e cooperar quando não somos pressionados pelas responsabilidades. Hoje em dia se dá muita ênfase às tarefas domésticas. Os pais, em vez de criarem os filhos se divertindo e estimulando-os a ajudá-los nas tarefas de casa, cometem o erro de tornar os filhos responsáveis por deveres específicos que devem ser executados individualmente. Além disso, mandam os filhos para escolas que podem ser tudo, menos divertidas, onde passam deveres de casa demais.

A educação nessa idade pode ser um grande desafio, mas o ideal é que seja divertida. Quando esse estágio não é cheio de jogos, brincadeiras, atividades de grupo e alegria, muitas vezes fica difícil se divertir ou ser feliz mais tarde na vida. Se nós recebemos a diversão e a amizade necessárias nesse estágio, depois, quando nos tornamos adolescentes, e, pelo resto das nossas vidas, estaremos preparados para parar e trabalhar bastante para atender às exigências cada vez maiores da vida. Atendendo a essa necessidade, nós desenvolvemos a capacidade de gostar de trabalhar.

3º ESTÁGIO: REALIZAÇÃO, AUTOCONFIANÇA E INDEPENDÊNCIA

Dos 14 aos 21 anos, seguimos basicamente o que consideramos razoável. Ainda dependemos da orientação dos outros, mas basicamente fazemos o que é razoável para nós. A qualidade do nosso crescimento é diretamente proporcional à racionalidade ou justiça dos nossos pais, professores, líderes, modelos de comportamento e colegas. Sem uma supervisão adequada ou racional de um adulto e uma liderança inspiradora, os adolescentes se deixam levar pela pressão mal orientada dos companheiros, o que, em geral, prejudica o crescimento.

Em nossa adolescência, com bastante motivação e oportunidades para testarmos nós mesmos, somos capazes de desenvolver a confiança na nossa capacidade de realização. Nesse estágio, contamos mais com nós mesmos e perseguimos pacientemente nossos objetivos, sem esperar a perfeição. Ficamos mais relaxados e tranqüilos porque confiamos nos outros e aceitamos bem o apoio deles.

Assim, somos capazes de perdoar com facilidade e nos corrigimos quando cometemos erros. Somos obviamente principiantes e portanto abertos e receptivos para as experiências dos mais velhos. Estamos abertos para receber ajuda e, ao mesmo tempo, para aprender a fazer as coisas com independência.

Nossa competência e nossa confiança crescem aos trancos à medida que continuamos a vislumbrar nossa recém-descoberta capacidade de contarmos com nós mesmos. Quando contratempos são esperados e grandes realizações não são exigidas, os adolescentes podem afirmar sua necessidade crescente de independência sem rebeldia.

Esse estágio é o momento em que somos colocados à prova. Ainda não somos independentes, por isso não sentimos uma pressão doentia para sermos perfeitos. Aprendemos livremente com os erros e fazemos o melhor possível para realizar coisas. Com os professores e modelos de comportamento certos, temos um exemplo do que queremos ser e ao mesmo tempo, mantemos nossa liberdade para aprender aos poucos. Esse estágio fornece a base para o terceiro princípio para criar milagres: **aprenda como se fosse um principiante**.

4º ESTÁGIO: AMOR, EXPERIÊNCIA E AUTO-SUFICIÊNCIA

Dos 21 aos 28 anos obedecemos basicamente ao nosso coração. Nesse estágio precisamos fazer o que amamos, crescendo e aprendendo com novas experiências ao mesmo tempo. Sair de casa e deixar aos poucos de depender dos pais nos dá condições de desenvolvermos um senso saudável de autosuficiência. Durante essa fase é importante que os nossos pais abdiquem do controle, mas estejam sempre por perto se precisarmos de apoio. O ideal, nesse período, é que os pais e os modelos de comportamento continuem a servir de rede de proteção, o que nos deixa livres para correr riscos e explorar a vida.

A nossa crescente autonomia nos dá a oportunidade de crescermos no amor que sentimos pelos outros e por nós mesmos, sem expectativas ou cobranças. Podemos levar a vida sem preocupações, porque ainda não assumimos as responsabilidades de um relacionamento comprometido, de longo prazo. Esquecemos nossas mágoas com facilidade, porque dependemos menos do amor e do apoio dos outros. E, mesmo se nos envolvemos seriamente com alguém, conseguimos manter uma distância saudável que permite aos dois continuarem a se desenvolver individualmente.

> **Esquecemos nossas mágoas com facilidade quando dependemos menos do amor e do apoio dos outros.**

O segredo do crescimento nesse estágio é deixar de depender dos outros e descobrir sua auto-suficiência. No passado, sem oportunidades iguais para se sustentar, a maioria das mulheres que agora tem mais de 35 anos foram privadas dessa experiência. A falta de liberdade fez com que elas ficassem dependentes demais dos homens ou do que os homens podiam oferecer. Felizmente, as mulheres de hoje podem compensar essa perda. Essa mudança liberta a mulher da expectativa ou de exigir demais do seu companheiro em termos de amor e de apoio.

As pessoas que não seguem seu coração em geral são muito críticas em relação a elas mesmas e aos outros. Essa nova liberdade de explorar quem nós somos e o que podemos conquistar serve para aumentar nossa auto-estima. Fazendo o que queremos, não o que os outros querem que a gente faça, aprendemos a nos aceitar, apreciar e admirar. Com essa auto-estima saudável, desenvolvemos um sentido de gratidão.

Quando gostamos de nós mesmos e não dependemos excessivamente dos outros, temos a verdadeira liberdade para reconhecer as muitas bênçãos da nossa vida e também a abundância de possibilidades novas e animadoras. Esse estágio oferece a base para o quarto princípio para criar milagres: **ame como se fosse a primeira vez.**

5º ESTÁGIO: INTIMIDADE, COMUNICAÇÃO E GENEROSIDADE

Dos 28 aos 35 anos, obedecemos basicamente a nossa consciência. Aprendemos a fazer o que achamos certo, independente do que as outras pessoas possam dizer ou fazer. Quando somos capazes de conhecer alguém intimamente, de ver o melhor e o pior dessa pessoa e ainda assim continuar a amá-la, então concretizamos o amor verdadeiro e duradouro. Aceitando essa verdade maior, conseguimos dar amor livremente, independente do que o nosso companheiro ou companheira nos dê.

Em vez de dar de acordo com o que poderíamos receber ou já recebemos, resolvemos quanto vamos dar de acordo com o que diz a nossa consciência. Em termos mais simples, o fato de alguém nos magoar não justifica deixarmos de dar o amor que pretendíamos dar. Apesar de essa idéia poder ser ensinada para as crianças, só quando estamos neste estágio podemos pô-la em prática realmente.

O nosso espírito pode voar bem alto porque os outros não nos limitam determinando se vamos nos entregar a alguém ou não. Somos sempre livres para dar algo de nós mesmos. Por exemplo, se eu quero ser generoso e alguém comete um erro e me ofende, posso resolver ser generoso assim mesmo. Não preciso me rebaixar para revidar, punir ou ensinar uma lição a ninguém.

Dar apoio nesse estágio passa a ser uma escolha pessoal, muitas vezes inspirada numa comunicação eficiente. Anteriormente, aprendemos a nos abrir para todas as pessoas e todas as possibilidades, mas agora podemos nos entregar mais para uma pessoa e menos para outra. O segredo aqui é nos entregarmos porque queremos, e não como conseqüência do modo que alguém nos tratou. Essa é a base da intimidade – tornamos uma pessoa mais especial que as outras.

Se eu tenho um milhão de dólares para distribuir e dou para um milhão de pessoas, cada uma delas receberá um dólar. Esse tipo de doação não tem um significado tão profundo e nem é tão satisfatório para mim ou para as outras pessoas. Mas, se eu pegar esse milhão de dólares e der para uma pessoa só, a dádiva será muito mais gratificante e útil para os dois lados.

Ter um relacionamento íntimo é como dar o seu milhão de dólares para uma pessoa só, e não para um milhão. Um relacionamento íntimo exclusivamente monogâmico oferece para os casais a oportunidade de vivenciar o grau mais elevado de entrega através do amor e do companheirismo. Dando mais de nós mesmos, compreendemos que temos bem mais para dar.

Um relacionamento íntimo exclusivamente monogâmico oferece para os casais a oportunidade de vivenciar o grau mais elevado de entrega.

Já tendo desenvolvido um sentido saudável de autoconfiança e de auto-suficiência, podemos amar e nos satisfazer sem depender tanto do nosso parceiro. Só assim temos a verdadeira liberdade de dar amor incondicionalmente. Em vez de precisar do amor e do apoio do nosso parceiro, nossa necessidade principal nesse estágio é dar amor. À medida que o amor vai crescendo, nossa capacidade de dar livremente em todas as áreas também aumenta, sem nos limitar ou recuar quando as circunstâncias não são ideais.

Em vez de precisar do amor e do apoio do nosso companheiro ou companheira, nossa necessidade principal é dar amor.

Com a experiência da maior intimidade que evolui num relacionamento responsável e maduro, podemos continuar a desenvolver nossa capacidade de nos conectarmos e nos relacionarmos com os outros. Com maior consciência das nossas limitações e das limitações do nosso companheiro ou companheira, nós crescemos em humildade e aceitação.

Essa nova abertura nos dá a compaixão para respeitar as diferenças do outro e para criar juntos algo maior do que poderíamos criar sozinhos. Aumentando nossa capacidade de ouvir, de nos comunicar e de partilhar, passamos a ter mais influência e poder em todas as áreas de nossa vida. Esse estágio oferece a base para o quinto princípio para criar milagres: **seja generoso como se já tivesse tudo de que precisa.**

6º ESTÁGIO: RESPONSABILIDADE, CONFIABILIDADE E COMPROMISSO

Dos 35 aos 42 anos, seguimos basicamente o nosso senso do dever. É hora de assumir mais responsabilidade, e não apenas por nós mesmos e por nosso companheiro ou companheira. Você faz promessas e assume compromissos, e faz o melhor possível para cumprir a sua palavra e obedecer aos seus valores. Assim começamos a desenvolver um amor maior e a fazer diferença no mundo.

Com a experiência da paternidade ou maternidade, ou do aumento das obrigações que assumimos aos trinta e poucos anos, despertamos para um sentido maior de comprometimento e de integridade. De posse de um sentido saudável do eu, somos capazes de regular quanto damos aos outros por escolha, não por obrigação. Nesse ponto podemos assumir a responsabilidade pelos outros sem nos perdermos de nós mesmos ou sem prometer mais do que podemos cumprir.

Ser mais responsável pelos outros nos leva à sabedoria maior e à orientação interna que faz com que nos tornemos mais confiáveis para corrigir nossos erros e para sermos mais criativos. Quando fazemos isso sem nos sacrificar, descobrimos que temos mais para dar. É nesse momento que podemos começar a provocar um impacto maior no mundo. O nosso potencial pessoal está plenamente concretizado e, além disso, tem a chance de crescer e de ficar ainda mais poderoso. Nesse estágio podemos começar a deixar nossa marca no mundo.

> Quando assumimos maiores responsabilidades sem nos sacrificar, descobrimos que temos mais para dar.

Com mais confiabilidade conseguimos reconhecer de que forma contribuímos para o sucesso ou o fracasso de todas as situações e circunstâncias que enfrentamos. Damos valor às nossas qualidades e também reconhecemos as nossas fraquezas e limitações. Esse novo grau de confiabilidade nos dá a sabedoria para reconhecer que todas as experiências na vida são e sempre foram oportunidades para crescer e aprender.

A confiabilidade maior cria também um sentido de autoria das nossas vidas. Com renovada confiança, obtemos acesso a mais energia e força para persistir e enfrentarmos os desafios da vida.

Nesse estágio, nossas escolhas dependem principalmente da nossa necessidade de cuidarmos dos outros e de cumprirmos nossas obrigações, e não da simples satisfação pessoal que temos quando damos amor e apoio. Enquanto eu lutava para equilibrar meus compromissos no trabalho, no casamento e com minhas filhas, consegui criar muito mais energia e poder. Eu acreditei que cuidando da minha família primeiro, o sucesso – não imediato – acabaria finalmente florescendo.

O sucesso aumentou, e meus maiores desafios eram não ficar tentado por todas as oportunidades que o sucesso trazia e manter em ordem minhas prioridades. Consegui sustentar isso crendo que o trabalho jamais poderia ser mais importante do que a minha família.

Sem uma boa comunicação com a minha mulher em relação aos desejos dela e às necessidades das nossas filhas, eu jamais teria chegado onde cheguei. Mantendo o equilíbrio, descobri que meu poder e sucesso pessoais podiam crescer aos poucos. Além disso, vivendo com simplicidade, dentro das minhas posses, era muito mais fácil fazer da minha família, e não do dinheiro, a minha prioridade absoluta. Esse estágio oferece a base para o sexto princípio para criar milagres: **trabalhe como se o dinheiro não tivesse importância.**

7º ESTÁGIO: SERVIR, CONTRIBUIR E CRIAR

Dos 42 aos 49 anos, seguimos basicamente os nossos sonhos. A maturidade chega aos quarenta. Quando somos jovens, aprendemos a ser independentes e auto-suficientes. Testamos nossas asas e nos concentramos em descobrir e desenvolver o nosso potencial interior. Aos trinta, começamos a usar e a expandir esse potencial para nos entregarmos livremente, sem depender dos outros. O resultado é que nos tornamos mais aptos a reconhecer e a expressar nosso poder criativo. Essa experiência anuncia o nascimento de uma solidariedade maior e da disposição de servir aos outros.

Lá no fundo todos temos um sonho de fazer diferença no mundo. Pode ser escrever um livro, fundar um centro de terapia de cura, inventar uma cura, ajudar os sem-teto, candidatar-se a algum cargo público, lutar por uma causa, ser o primeiro a escalar uma montanha ou qualquer outra aspiração. Esse sonho pode ser o de ajudar os outros diretamente, ou pode ser o de inspirar as pessoas e até entretê-las. Quanto mais nós conseguimos sair de nós mesmos, mais criativos podemos ser. Essa criatividade é a base para tornar nossos sonhos realidade.

Lá no fundo todos temos um sonho de fazer diferença no mundo.

Em cada exemplo, uma grande parte do nosso sonho é influenciar positivamente nossa comunidade e nosso mundo. Nesse sétimo estágio a nossa realização nasce principalmente de servir aos outros e de dar nossa contribuição. A nossa recompensa pessoal é o aumento da criatividade, pois o nosso poder criativo se aprimora quando nos dedicamos a considerar tranqüilamente o nosso desejo profundo de fazer diferença. Esse princípio é verdadeiro em todos os estágios de desenvolvimento, mas é particularmente significativo para a nossa realização e desenvolvimento pessoal quando chegamos aos quarenta.

Manter os nossos compromissos e, dessa forma, adquirir mais poder pessoal é o que serve de base para o aumento da criatividade. Quando servir aos outros se torna a nossa principal motivação, nossa dependência dos resultados dos nossos atos diminui. Ficamos livres da tendência a repetir o que funcionou no passado e podemos criar coisas novas a cada momento.

Criatividade não é só pintar um quadro ou compor uma música. É a capacidade muito mais expansiva de abordar cada situação com idéias novas e com uma nova visão quando necessário. Nós fluímos pela vida fazendo os ajustes necessários para resolver os problemas e para melhorar o mundo. A maior expressão da criatividade oferece a base para o sétimo princípio para criar milagres práticos: **relaxe como se tudo fosse se resolver.**

8º ESTÁGIO: ESPIRITUALIDADE, CURA E EQUILÍBRIO

Dos 49 aos 56 anos, seguimos basicamente nosso poder superior, ou Deus. Na juventude, pedíamos para Deus nos ajudar, mas, neste estágio da vida, nós finalmente amadurecemos e procuramos servir a Deus. É claro que podemos fazer isso num estágio anterior mas, neste momento, a busca por servir passa a ser nossa necessidade mais importante. A entrega concreta do nosso ego à vontade de Deus gera a realização máxima.

Isso não implica ter de sacrificar nossas outras necessidades. Simplesmente significa que, para ficarmos plenamente realizados, nosso principal objetivo deve ser servir a Deus ou ao desígnio divino. Isso é feito por meio do cuidado com os outros e com nós mesmos. O nosso desafio neste estágio é encontrar esse equilíbrio saudável e curativo.

Uma maneira básica de reconhecer o desígnio divino é entender que toda atividade e experiência em sua vida ocorrem para lhe ensinar uma lição importante. Quando descobrimos a recompensa em cada desafio e curamos cada ferida para ficar mais forte, então podemos, com mais consciência, participar do plano que Deus fez para nós.

Nesse estágio, temos mais capacidade de interpretar as situações no momento como dádivas e ensinamentos. Os desafios se transformam em oportunidades de servir não apenas a nós mesmos, mas também a Deus. A nossa experiência com Deus, como uma realidade tangível mas invisível se torna mais viva e mais gratificante.

> As situações desafiadoras se transformam em oportunidades de servir não apenas a nós mesmos, mas também a Deus.

Um dos motivos que faz com que as crianças pequenas gostem de brincar de esconde-esconde é que seus cérebros ainda não estão completamente desenvolvidos. Elas são literalmente incapazes de compreender que, apesar de você não estar visível, você continua presente. Para a criança, quando você se esconde atrás de alguma coisa, na verdade você desapareceu. Quando você reaparece, é como se de repente voltasse de lugar nenhum. Esse acontecimento misterioso faz a criança rir e é muito divertido para ela.

Gradualmente, à medida que o cérebro se desenvolve, a criança passa a compreender que, apesar de não estar visivelmente presente, você continua lá e que ela não está sozinha. Quando você se esconde atrás de alguma coisa, ela percebe que você ainda está lá, mas que não é visível para os sentidos dela. Nesse ponto do desenvolvimento do cérebro, quando a criança está brincando num quarto, ela fica tranqüila sabendo que mamãe ou papai, que não estão naquele quarto, estão em algum outro lugar da casa.

Esse exemplo é parecido com o nosso crescimento espiritual. Somos todos como crianças quando se trata de conhecer Deus. Quando mais jovens, não éramos capazes de compreender totalmente que Deus pode existir mesmo que não consigamos vê-Lo. Ao testemunhar os resultados da magia e dos milagres de Deus, ficamos admirados e deslumbrados. Com o tempo começamos a sentir que Deus está sempre presente e que podemos pedir Sua ajuda sempre que necessário.

Hoje essa consciência é mais universal. Todas as pessoas, em qualquer idade, podem conhecer Deus de forma mais direta criando milagres práticos. Não podemos ver Deus, mas podemos sentir Sua presença. Podemos pedir ajuda a Deus e receber esse apoio adicional. O fato de receber esse apoio a vida toda nos prepara para conhecer e nos render totalmente ao Seu serviço.

Todas as pessoas, em qualquer idade, podem conhecer Deus de forma mais direta criando milagres práticos.

Expressar nosso potencial criativo no estágio anterior nos prepara para essa vívida experiência de Deus. Da primeira vez que usamos nosso poder interior de criar, é fácil supor que somos os únicos responsáveis pela criação. Contudo, quando nossa criatividade começa a fluir livremente, percebemos claramente que esse poder vem de alguma outra fonte. Num certo sentido, nós o "invocamos" e ele vem através de nós.

Chamando ou não essa fonte de Deus, estamos começando a entender que, na verdade, não somos nós que estamos criando. É claro que chegamos à sensibilidade ou instinto criativo mas, ao mesmo tempo, não temos idéia de onde ele veio. Num minuto estamos perplexos, e, no minuto seguinte, a resposta simplesmente aparece. Como crianças brincando de esconde-esconde, ficamos espantados.

Quando a minha criatividade de escritor começou a fluir, fiquei muito satisfeito, mas também desconcertado. No dia seguinte a uma longa sessão de escrita, me senti muito inseguro. Eu lia o que tinha escrito e pensava: "Não sei como fiz isso, por isso não sei se vou conseguir fazer de novo." Logo que relaxei e comecei a acreditar que só precisava me acalmar e pedir ajuda, ela sempre veio.

Quando dava minhas primeiras palestras de sucesso, ficava preocupado antes de cada discurso, porque não tinha idéia de como fazia as pessoas rirem. Simplesmente acontecia, assim que ficava diante da platéia e a criatividade começava a fluir. Aos poucos passei a confiar que a minha criatividade estaria lá e parei de me preocupar. Isso pavimentou o caminho para o reconhecimento de que é sempre Deus que cria através de nós. Desse modo, fazemos sempre uma parceria com Deus. Apesar de ser eu a executar, na verdade não sou eu que faço.

Com o sucesso vem o reconhecimento cada vez maior de que é sempre Deus que cria através de nós.

Esse paradoxo pode ser facilmente compreendido com outra experiência comum. Quando dirigimos um carro, estamos dirigindo o carro. No entanto, a partir de outra perspectiva, o carro nos leva para onde queremos ir. Os dois conceitos estão certos. Você dá a partida, pisa no acelerador e no freio, você dirige, mas é o motor que faz você andar. Do mesmo modo, nós de fato dirigimos o carro, mas Deus é o motor que nos leva ao nosso destino.

Essa evolução da consciência que temos de Deus é sustentada pelos estágios anteriores da vida. Quando somos jovens, temos uma consciência maior do que fazemos, mas, à medida que amadurecemos, nos tornamos conscientes daquilo que Deus faz. Essa consciência maior é a base para criar mais milagres práticos. Ao ignorar o acesso que temos à ajuda de Deus, nossos poderes ficam tremendamente limitados. Por outro lado, se esperamos que Deus faça tudo por nós, também ficamos limitados. Os milagres práticos só podem acontecer quando os executamos junto com Deus.

Se esperamos que Deus faça tudo por nós, também ficamos limitados.

Aos trinta anos nos entregamos mais e assumimos responsabilidades. Desse modo nosso poder pessoal cresce. O nosso sucesso na vida gera uma necessidade de retribuir na mesma moeda as dádivas que recebemos. Servindo aos outros aos quarenta anos e continuando a atender às nossas necessidades, ficamos livres para vivenciar um aumento muito maior de poder pessoal, criatividade, amor ou sucesso. Quando retribuímos, nos livramos dos limites da nossa individualidade e experimentamos um fluxo maior da natureza generosa de Deus.

> **O nosso sucesso na vida gera uma necessidade de retribuir as dádivas que recebemos servindo.**

Acreditando ou não em Deus, nós nos tornamos mais espiritualizados. Quando ampliamos a consciência do nosso espírito interior, a boa fortuna, a graça e a sorte também aumentam. Vemos as maravilhas de Deus em toda parte e temos a completa capacidade de criar milagres práticos.

A vida se torna uma experiência maravilhosa e enriquecedora de cura dos outros e de nós mesmos. Esse é o momento em que podemos usufruir e realmente sentir a graça de Deus fluindo em nossas vidas. Temos a consciência clara de que somos parceiros de Deus a serviço dos outros e de nós mesmos. O aumento da espiritualidade, da cura e do equilíbrio nesse estágio formam a base para o oitavo princípio para criar milagres práticos: **converse com Deus como se Ele estivesse ouvindo.**

9º ESTÁGIO: SER, REALIZAÇÃO E CRESCIMENTO

Dos 56 anos de idade em diante, seguimos basicamente nosso destino. Nesse estágio descobrimos que não precisamos ir a nenhum lugar específico ou que não temos de nos comportar desse ou daquele jeito. Basta sermos nós mesmos. Como atendemos às nossas necessidades nos outros oito estágios, esse é um momento de grande realização. Nossa realização se deve principalmente ao fato de sermos como somos e de descobrirmos algo novo em nós a cada momento.

Nós compreendemos que tudo de que precisamos está sempre presente e que tudo que temos de fazer para servir a Deus, ao mundo e a nós mesmos é simplesmente ser quem somos. Automaticamente nosso objetivo na vida se revela e é satisfeito. Somente sendo nós mesmos somos capazes de realizar nosso destino.

Nesse estágio nos libertamos de todas as necessidades pessoais de modificar as circunstâncias ou de chegar a qualquer parte. Podemos nos realizar com o que quer que nos apareça pelo caminho, porque qualquer coisa revela mais quem somos. Quando vivenciamos isso diariamente, temos a experiência concreta de que todos os momentos fazem brotar uma parte nova de quem somos.

> **Cada momento é a realização de um desejo ou um desafio que nos ajuda a desnudar e a dar mais força à nossa alma.**

Nesse estágio não existe um calendário específico porque a vida é um grande e maravilhoso mistério que continua a nos surpreender e a nos deslumbrar. Podemos ter horários, mas estamos sempre livres para ajustá-los. Nosso principal compromisso é simplesmente sermos nós mesmos e descobrirmos o que o próximo momento vai tirar de nós para servir ao bem maior, no qual também estamos incluídos.

E assim continuamos a crescer. É como remar num barco, parar um pouco e descobrir que o rio o levará para onde você está indo. Você não sabe que lugar é esse, mas acredita que ele vai continuar a apoiá-lo e sustentá-lo como sempre fez.

Você descobre com prazer que o rio sempre esteve carregando e guiando você para um crescimento maior, mesmo quando você achava que tinha de fazer isso no passado. Nesse estágio você descobre que não há certezas, porque a vida está sempre mudando. Ao mesmo tempo você sente que tudo que acontece pode ajudá-lo de alguma forma, e realmente é assim que acontece.

Apenas ser você mesmo não significa ficar sentado passivamente o dia inteiro, sem fazer nada. Você continua vivendo como sempre, querendo, precisando, pretendendo, desejando, escolhendo, gostando, pensando e sentindo. A grande diferença é que o tempo todo a sua principal realização nasce basicamente de ser sincero com você mesmo, independente das circunstâncias. A sua motivação de fazer ou deixar de fazer está nas mãos de Deus.

Nesse estágio, você sente uma liberdade maior para ser você mesmo em todos os momentos. Sua maior realização é simplesmente ser verdadeiro em todas as reações e respostas à vida. A satisfação incrível que pode ser sentida nesse estágio nasce com a compreensão de que cada momento fornece uma oportunidade de expressar o seu eu mais elevado.

Isso pode parecer algum tipo de estado perfeito, mas não é. A vida pode trazer um tempo frio, mas então somos gratos pelo calor dentro de nós que surge como resposta. As outras pessoas podem nos rejeitar ou zombar de nós, mas então encontramos a nossa realização sentindo o amor e o perdão que nascem em nosso coração.

A vida ainda está cheia de perdas e ganhos, prazer e dor, mas nesse estágio nossa realização vem de sentir a reação apropriada no nosso coração. Por exemplo, quando sentimos a dor da perda, também sentimos uma onda de apreço pelo que perdemos, que cresce em nosso coração. Quando ganhamos alguma coisa, sentimos uma onda de apreço pelo que temos. Dessa forma, as circunstâncias deixam de ter a importância que tinham antes.

Cada situação passa a ser uma oportunidade de demonstrar mais paz, alegria, confiança, amor, paciência, otimismo, força, humildade, satisfação, inspiração, coragem e inocência. Esses doze atributos primários do nosso eu verdadeiro têm a oportunidade de emergir em todas as situações, boas ou más, difíceis ou fáceis, positivas ou negativas.

A maioria das pessoas nesse estágio não consegue atingir essa realização porque ainda não aprendeu quem é, ou como ter acesso ao seu verdadeiro eu nos momentos difíceis. No entanto, quando elas desenvolvem essa habilidade, cada percalço no caminho gera realização, porque representa uma oportunidade de simplesmente serem elas mesmas e de aproveitar o percurso.

Cada situação nos oferece a maravilhosa experiência inédita de ser nós mesmos de um jeito diferente. A vida se torna um imenso banquete com possibilidades ilimitadas de realização porque o que realmente queremos é a oportunidade de sermos nós mesmos mais uma vez, a cada momento. É essa realização do nono estágio que fornece o alicerce para viver integralmente o nono princípio: **banqueteie-se como se pudesse ter tudo que deseja.**

Poucas pessoas das gerações anteriores à nossa estavam preparadas para apreciar esse estágio. Elas passaram muitos anos sem poder realizar as necessidades do passado, ou não puderam concretizar a cura necessária para preencher os vazios, então elas viveram esse estágio com diferentes graus de doenças, arrependimento e fadiga. Agora, aprendendo a corrigir essa situação e a satisfazer suas diversas necessidades, em vez de se prepararem para morrer, elas podem antever um crescimento ilimitado.

Com o poder de criar milagres práticos, qualquer pessoa tem acesso a esse poder de curar seu passado e viver sua vida com amor duradouro, sucesso crescente e saúde vibrante. Em qualquer estágio, independente do seu passado, você tem acesso aos poderes adequados à sua idade e pode começar a criar milagres práticos. Mesmo quando estão doentes e perto da morte, as pessoas podem despertar o poder de cura do próprio corpo para que a morte seja mais fácil e mais tranqüila para elas.

Para facilitar a consulta, essas nove necessidades e estágios de desenvolvimento podem ser resumidas da seguinte maneira:

NOVE NECESSIDADES E ESTÁGIOS DE DESENVOLVIMENTO

ESTÁGIO 1: do nascimento aos 7 anos. Siga o líder.
Necessidades: vulnerabilidade, cuidados e dependência

ESTÁGIO 2: 7 aos 14 anos. Siga as regras.
Necessidades: divertimento, amizade e interdependência

ESTÁGIO 3: 14 aos 21 anos. Siga sua cabeça.
Necessidades: realização, autoconfiança e independência

ESTÁGIO 4: 21 a 28 anos. Siga seu coração.
Necessidades: amor, experiência e auto-suficiência

ESTÁGIO 5: 28 a 35 anos. Siga sua consciência.
Necessidades: intimidade, comunicação e generosidade

ESTÁGIO 6: 35 a 42 anos. Siga suas obrigações.
Necessidades: responsabilidade, confiabilidade e compromisso

ESTÁGIO 7: 42 a 49 anos. Siga seus sonhos.
Necessidades: servir, contribuir e criar

ESTÁGIO 8: 49 a 56 anos. Siga seu poder mais elevado ou Deus.
Necessidades: espiritualidade, cura e equilíbrio

ESTÁGIO 9: 56 anos em diante. Siga seu destino.
Necessidades: ser, realização e crescimento

8
O BALANCEAMENTO DA VIDA

É importante equilibrarmos nossas necessidades a vida toda. Mesmo quando uma necessidade é maior do que as outras, precisamos continuar a atender, com mais ou menos empenho, a todas elas. Esse processo fica mais fácil quando sabemos o que procurar e nos damos permissão para termos necessidades diferentes.

O cuidado com o desdobramento de nossas necessidades é facilmente visualizado se você imaginar que é um equilibrista que faz girar nove pratos sobre nove varetas. Você começa girando o primeiro prato na primeira vareta. Enquanto ele estiver girando, fica equilibrado. Se não receber impulso para continuar girando, irá balançar e logo cairá da vareta. Depois que o prato está girando, você precisa de menos tempo para manter seu equilíbrio.

Depois de girar o primeiro prato, você faz girar o segundo. Antes de pegar o terceiro você tem de dar impulso ao primeiro para ele continuar girando e equilibrado. Então você está pronto para passar para o terceiro prato. Ele gira e você volta rapidamente a dar impulso ao primeiro e ao segundo a fim de mantê-los girando.

Em seguida você pega o quarto prato. Dessa forma acaba pondo os nove pratos girando sobre as varetas. Mas para sustentar esse feito de equilibrismo você precisa mover-se de um lado para o outro de acordo com o ritmo dos pratos. Quando um prato começa a balançar você dá mais impulso a ele. Outro começa a oscilar e você corrige. Cuidando de todos os pratos, todos eles ficam equilibrados e a platéia começa a aplaudir.

Esse ato de equilibrismo é o desafio que todos enfrentamos na vida. Manter todos os pratos da nossa vida girando representa para nós o processo básico para criar milagres práticos no trabalho, nos relacionamentos e na nossa saúde. Todas as pessoas têm os mesmos nove pratos, mas também devemos lembrar que cada pessoa é única e tem pratos de tamanhos diferentes.

Uma pessoa pode precisar de mais amor e intimidade, enquanto outra pode precisar de mais trabalho e divertimento. Uma terceira pessoa pode necessitar de mais espiritualidade. As combinações e possibilidades são infinitas. Para que todos tenham sucesso e se realizem na vida, não existe uma única resposta ou solução. A consciência das nossas diferentes necessidades representa um grande mapa que nos ajuda a descobrir o que é melhor para nós.

BUSCANDO APOIO NOS LUGARES ERRADOS

Compreender a natureza das nossas necessidades nem sempre é tão direto e óbvio. A maioria das pessoas já passou pela experiência de querer, precisar, sentir vontade ou desejar ter alguma coisa e, depois, quando a consegue, descobre que é insuficiente ou que faz mal à saúde. Muitas vezes pensamos que sabemos o que é bom para nós e depois descobrimos que não nos satisfaz.

Por exemplo, o alimento é uma necessidade válida, mas se não estivermos cuidando das nossas outras necessidades, podemos começar a depender da comida para nos satisfazer, mais do que realmente precisamos. Se não cuidarmos ao mesmo tempo das outras necessidades, nos viciamos em comida e adquirimos essa compulsão por comer demais.

Muitas vezes sofremos na vida porque cuidamos de uma necessidade e não das outras. Podemos estar fazendo um prato girar, mas sofremos porque todos os outros estão sempre caindo. Se não nos conscientizarmos dos outros pratos, continuaremos a dar impulso em um prato só, na esperança de que um dia ele volte a ser tão gratificante como era antes.

Sem ter consciência do que realmente precisamos e sem acesso a essa ajuda, fica muito difícil combater uma carência que não é saudável. Essa mesma tarefa difícil se torna milagrosamente fácil quando conseguimos entender racionalmente que o que queremos não é bom para nós e depois descobrimos claramente do que realmente precisamos.

Existem quatro sinais óbvios de que estamos olhando na direção errada, em busca do que necessitamos. Uma consciência maior desses indicadores vai nos ajudar a reconhecê-los e a rapidamente concentrar nossa atenção nas outras necessidades. Se esses sinais aparecem é porque um ou mais dos nossos pratos está balançando e precisa da nossa atenção.

Utilize esses indicadores para saber que você precisa mudar seu foco de atenção para o que realmente necessita. Em vez de continuar a fazer girar um prato, passe para outro. Os quatro sinais são:

1. Estamos mentalmente estressados, aborrecidos, com uma sensação de vazio, pressionados, entediados, desesperados, sobrecarregados, aflitos, irritados, ofendidos, nervosos ou tensos.

2. Estamos emocionalmente angustiados, com raiva, tristes, com medo, arrependidos, frustrados, decepcionados, preocupados, embaraçados, furiosos, magoados, em pânico e envergonhados.

3. Não conseguimos sentir paz, alegria, confiança, amor, paciência, otimismo, força, humildade, satisfação, inspiração, coragem e inocência. Essas qualidades do nosso verdadeiro eu em geral ficam bloqueadas quando sentimos ressentimento, depressão, confusão, indiferença, quando somos críticos demais, quando procrastinamos, ficamos indecisos, somos perfeccionistas, sentimos inveja, autopiedade, ansiedade e culpa.

4. Sempre que estamos doentes, sentimos dores crônicas, fraqueza física ou fadiga crônica.

Em cada um desses níveis há outros quatro sinais que indicam que estamos procurando a satisfação no lugar errado:

1. Sempre que exigimos mais do que podemos conseguir facilmente estamos ignorando nossas outras necessidades.

2. Sempre que nos lembramos de todas as vezes em que não conseguimos o que precisávamos para justificar querer mais, o que estamos exigindo não é a nossa necessidade correta. Normalmente é irreal e não leva a uma realização duradoura.

3. Sempre que sentimos saudade do passado, quando tínhamos mais, ou comparamos o que temos agora com o que tínhamos então, e o "agora" passa a valer menos, estamos indo na direção errada.

4. Sempre que aceitamos o que temos mas não damos realmente valor ao que estamos recebendo estamos ignorando nossas verdadeiras necessidades.

NECESSIDADES DIFERENTES PARA PESSOAS DIFERENTES

Precisamos sempre lembrar que pessoas diferentes têm graus diferentes de cada uma das nove necessidades. Uma pessoa pode ter uma necessidade substancial de intimidade e amor incondicional, e uma necessidade menor de trabalho e realização profissional. Outra pode ter mais necessidade de espiritualidade e menos de intimidade. É assim que cada pessoa tem níveis diferentes de cada necessidade. Cuidando mais de uma e menos de outra essas pessoas terão uma satisfação maior.

Parece simples, mas é fácil entender de modo errado esse conceito. Pessoas que têm sempre dificuldade para atender a uma necessidade específica, ou que se sentem impotentes para conquistar o que precisam, em geral, estão procurando apoio no lugar errado. Elas se enganam acreditando que maior quantidade de uma necessidade vai torná-las mais feliz, e o que realmente precisam é de outra coisa. Eis alguns exemplos desse comportamento:

NOVE ILUSÕES DA VIDA

Se cuidar dos outros o deixa feliz, então cuidar mais vai deixá-lo ainda mais feliz.
Se a diversão o faz feliz, então mais diversão lhe dará mais felicidade ainda.
Se a realização o faz feliz, então mais realização o fará mais feliz ainda.
Se a auto-suficiência o faz feliz, mais auto-suficiência o deixará mais feliz ainda.
Se a intimidade o faz feliz, então mais intimidade o fará ainda mais feliz.
Se a responsabilidade o deixa feliz, então mais responsabilidade só vai deixá-lo mais feliz ainda.
Se servir aos outros o faz feliz, então servir mais o fará mais feliz ainda.
Se o crescimento espiritual o deixa feliz, então mais crescimento espiritual o deixará mais feliz ainda.
Se ser você mesmo o faz feliz, então basta ser você mesmo para ficar ainda mais feliz.

A promessa que diz "mais é melhor" é uma grande ilusão. Buscar mais de uma coisa que você já tem o suficiente é a principal causa de toda infelicidade. Se você busca o que realmente precisa, fica feliz no processo e supera essa idéia de que "mais é melhor".

A promessa que diz "mais é melhor" é uma grande ilusão.

Quando o carro está com pouco óleo, o radiador fervendo, ou com um pneu furado, não deve ser usado antes de consertá-lo. Do mesmo modo nós devíamos, se possível, procurar entender e curar as reações estressadas e angustiadas antes de resolver como vamos reagir. Tomar decisões quando se está magoado, com raiva ou com medo simplesmente não funciona. Não podemos criar cooperação para conseguir o que precisamos quando estamos estressados e angustiados. Quando temos o mecanismo para enxergar através das ilusões da vida dessa maneira, então podemos criar uma existência realizada e criativa, equilibrando nossas necessidades.

A NECESSIDADE DE CURA

É normal passar por uma crise de cura no início de cada um dos nove estágios. Esse momento costuma ser uma janela de oportunidade para sentir e curar as deficiências do passado. Muitas vezes as pessoas passam por vários desafios e, às vezes, os maiores desafios aparecem durante o ano logo depois desses aniversários: de 6, 13, 20, 27, 34, 41, 48 e 55 anos. O ano depois do nosso sexto aniversário na verdade é o início do nosso sétimo ano de vida. O ano depois do aniversário dos 13 anos é o começo do nosso décimo quarto ano, e assim por diante.

Quando as pessoas ignoram suas necessidades de cura nesses pontos de junção, de alguma forma ficam impedidas de ter sucesso no estágio seguinte. E aí, no próximo estágio, elas podem ficar fisicamente doentes, seus relacionamentos podem se transformar em decepções, ou seus negócios podem ir ladeira abaixo.

Para chegar à cura, podemos despertar o potencial de cura do nosso corpo obtendo a ajuda que não tivemos quando éramos mais jovens. Como as nossas feridas são diferentes, a cura é sempre diferente para cada um. Dependendo das deficiências que temos na vida, há alguns exemplos de atividades que podem ser muito satisfatórias e curativas. De estágio em estágio, esses são alguns exemplos do que uma pessoa pode escolher para se curar:

Se você não recebeu amor e cuidado suficiente no estágio 1 (do nascimento aos sete anos), pode sentir a necessidade de fazer uma terapia para se curar.

Se você não se divertiu bastante no estágio 2 (dos 7 aos 14), talvez precise se divertir mais e aproveitar a vida e os frutos do seu trabalho.

Se você não trabalhou nem viveu conquistas maiores na sua adolescência, no estágio 3 (dos 14 aos 21) pode se empenhar em trabalhar como nunca, ou voltar a estudar.

Se você não conseguiu ser suficientemente autônomo no estágio 4 (dos 21 aos 28), pode resolver fazer as coisas que nunca pôde antes ou viajar para os lugares que sempre quis conhecer.

Se você não teve uma intimidade verdadeira no estágio 5 (dos 28 aos 35), pode sentir a necessidade de ter um romance curativo, ou um caso tórrido.

Se você não teve filhos ou um aumento de responsabilidades no estágio 6 (dos 35 aos 42), talvez queira começar uma família, cuidar de um animal de estimação, plantar um jardim ou até começar um novo negócio. Você pode ficar subitamente interessado em política ou fazer parte de um grupo dedicado a alguma causa nobre.

Se você não perseguiu seu sonho no estágio 7 (dos 42 aos 49), nem se expressou de alguma forma criativa, pode começar a pintar, escrever, cantar, representar ou tocar algum instrumento musical para se curar. Ou então pode aceitar um projeto novo, criativo, que seja um desafio e que sirva à sua comunidade, ajudar os pobres ou despoluir o meio ambiente.

Se você não desenvolveu sua espiritualidade no estágio 8 (dos 49 aos 56), ou se até rejeitou a espiritualidade, pode sentir um renovado interesse nas suas raízes espirituais, ou descobrir alguma outra forma de dar sentido à sua vida.

Se você não se permitiu apenas "ser" no estágio 9 (a partir de 56), pode sentir necessidade de relaxar e de deixar a vida fluir. Você pode querer se soltar e simplesmente ser autêntico, sem preocupações.

CURAR O PASSADO SEM PERDER O QUE GANHAMOS

Especialmente no estágio 8, o nosso desafio quando curamos o passado é satisfazer as necessidades que surgem sem rejeitar o apoio que conquistamos em nossa vida. Essas necessidades e carências súbitas parecem se transformar em prioridades, mas elas são, na verdade, temporárias. A necessidade verdadeira e constante é a de cura. Quando nos concentramos em atender a uma necessidade do passado, precisamos ter o cuidado de não descuidar das outras. Eis alguns exemplos:

ESTÁGIO 1. "*Siga o líder*" para conseguir cuidados e apoio, mas certifique-se de não perder o seu poder e provocar ainda mais problemas. Muitas vezes, quando você se anula para fazer a vontade dos outros ou para agradá-los, em algum ponto mais adiante na vida esse ímpeto retorna. E, quando volta, em geral vem distorcido e lhe dá uma idéia errada de quem você realmente é e de quem são as outras pessoas. Você deve lembrar que essa recorrência surge da parte infantil que há dentro de você.

Quando crianças, devemos seguir os nossos líderes, mas precisamos de pais solidários nesse processo. Quando temos uma crise de má-criação ou choramos porque queremos mamar, nossa mãe cuida de nós e nos alimenta. Se quando somos adultos choramos porque estamos com fome, precisamos lembrar que não somos mais crianças e que não podemos esperar que os outros cuidem de nós e nos dêem de comer. Não é correto ter crises de má-criação ou exigir mais só porque você não está recebendo os cuidados ou o apoio que acha que merece. Nossos sentimentos são uma fonte de poder enorme, mas eles podem facilmente nos enganar quando nossos corações e mentes não estão abertos também.

Durante o processo de cura você pode encontrar todo tipo de emoção intensa e de reações que retornam com toda força. Uma pessoa sensata assume a responsabilidade primeiro de curar essas reações e de, mais tarde, tomar as decisões necessárias para efetuar a mudança.

Nós não temos o direito de esperar que o nosso companheiro ou companheira, nossos filhos ou colegas de trabalho atendam às nossas necessidades insatisfeitas. Se não somos capazes de nos curarmos sozinhos, então devemos procurar um terapeuta para nos ajudar. Na terapia podemos ter um tempo toda semana para receber o apoio vital que não tivemos na infância. Aos poucos vamos aprender a dar apoio e a dispensar o tratamento.

ESTÁGIO 2. Quando *"seguir as regras"* em sua busca de felicidade duradoura e alegria, não caia na armadilha da sensação de culpa. Se você se maltratou ou maltratou os outros, reconheça a sua culpa, mas perdoe a si mesmo e entenda que estava fazendo o melhor que podia. Não use essa nova consciência dos seus erros e a disposição de repará-los para justificar o seu castigo. Reconheça e aprenda com seus erros e depois faça os reparos sempre que possível. Você só pode aprender com seus erros quando consegue se perdoar.

Tenha o cuidado de não ser crítico demais quando os outros não fazem o que você acha que é certo. Um sinal da autêntica capacidade de se perdoar é saber perdoar e compreender os outros que cometeram os mesmos erros.

Além disso, se o seu erro foi se esforçar demais no trabalho, não desista de todo o trabalho para poder se divertir. Vá aos poucos trabalhando menos e divirta-se cada vez mais. Para corrigir os erros do passado, evite cometer outro erro rejeitando todo trabalho. Podemos trabalhar menos, ou podemos mudar de carreira, mas não é necessário desistir do trabalho e dessas realizações por completo.

ESTÁGIO 3. Para "*seguir nosso raciocínio*" na busca do aprendizado e desenvolvimento de alguma habilidade precisamos certificar-nos de não perder o nosso sentido de lógica. O fato de alguém ser um especialista ou desenvolver uma habilidade que não temos não torna essa pessoa mais qualificada para saber o que é certo para nós. Precisamos ter cuidado com a nossa disposição de aprender com os especialistas. Temos ao mesmo tempo que acreditar em nós mesmos para saber e para determinar o que precisamos. Se não sabemos o que é, não faz mal experimentar seguir o raciocínio de alguém, desde que consideremos isso uma experiência. Depois, usando nossa própria lógica e raciocínio, temos de seguir em frente e determinar o que acreditamos ser verdade. Essa é uma boa hora para tentar aprender a ter um novo ponto de vista.

ESTÁGIO 4. Para "*seguir nosso coração*" e na busca de novas experiências para concretizar maior auto-suficiência, não devemos descuidar dos nossos compromissos. Quando desejamos muito ser jovens de novo, nosso companheiro ou companheira passa a parecer velho ou velha de repente, ou a nossa carreira parece estagnada ou entediante. A solução não é rejeitar seu companheiro ou a sua carreira por alguém mais jovem ou um trabalho diferente. A solução é encontrar a felicidade interior sentindo-se mais auto-suficiente. Se você se dedicar um pouco a fazer o que quer fazer de forma independente e ao mesmo tempo respeitar seus compromissos, se sentirá jovem outra vez. Esse é um bom momento para tirar umas férias sozinho.

ESTÁGIO 5. Para "*seguir sua consciência*" e dar mais amor por meio da intimidade, não devemos terminar um casamento sem paixão. Em vez de achar que temos de trocar de par, podemos modificar o modo com que nos comunicamos e começar a criar mais romance no nosso relacionamento atual. Se só tratarmos de nos modificar, ficamos livres da dependência do nosso companheiro ou companheira. Assim estaremos liberados para satisfazer o nosso desejo de dar mais amor, e a nossa paixão se acende novamente. Essa é uma boa hora para participar de um workshop de relacionamento, ou assistir a um seminário de crescimento pessoal, sozinho ou acompanhado.

ESTÁGIO 6. Para "*seguir nossa integridade*" devemos cuidar para honrarmos nossos compromissos e sermos responsáveis por nós mesmos. Não há necessidade de se fazer sacrifício algum. Quando damos prioridade às nossas necessidades, temos mais para dar. Precisamos reconhecer que algumas promessas são impossíveis ou não podem ser cumpridas. Todos cometemos erros e, às vezes, assumimos ou prometemos demais. A solução é reconhecer o que você pode fazer realmente e se comprometer com isso. Essa é uma boa hora para mudar sua rotina, seus hábitos ou acordos.

ESTÁGIO 7. Para "*seguir nossos sonhos*" e realizar nossa necessidade de servir e de nos expressar com criatividade, não devemos negligenciar nossas outras responsabilidades ou carências. Essa é uma boa hora para fazer algo criativo ou desafiador, ou para iniciar um novo passatempo.

ESTÁGIO 8. Para "*seguir Deus*" e buscar nosso crescimento espiritual, não devemos negligenciar nossa necessidade de sermos responsáveis por nossa família, por nossa carreira criativa ou pelas tradições espirituais que passamos a vida toda desenvolvendo. Encontrando o equilíbrio, não precisamos espremer o antigo para extrair o novo. Essa é uma boa hora para acalentar também aqueles relacionamentos que nos estimulam.

ESTÁGIO 9. "*Seguir nosso destino*" e deixar a vida transcorrer livremente não quer dizer que devemos nos aposentar passivamente e deixar a vida passar por nós. Em vez disso, é hora de se manter ativo utilizando e desenvolvendo todos os nossos dons e poderes dados por Deus. É um bom momento para assumir o compromisso de ajudar os outros.

CURANDO NOSSO PASSADO

Para a cura ter sucesso, precisamos satisfazer nossas novas necessidades sem afastar o que já temos. Precisamos lembrar que as necessidades que sentimos nesse período são temporárias e que vão passar quando fizermos o melhor possível para satisfazê-las sem criar um caos na nossa vida.

Nunca devemos confiar em qualquer necessidade, desejo, reação, ímpeto, carência, compulsão, decisão ou exigência que surgem quando não nos sentimos receptivos, amorosos e equilibrados.

Nunca devemos confiar em nossas crenças ou sentimentos quando não nos sentimos receptivos, amorosos e equilibrados.

Quando temos o coração aberto, as necessidades insatisfeitas que exigem nossa atenção e cuidados são reais e podem ser sensatamente atendidas. Quando o nosso coração está fechado, não devemos planejar nenhuma mudança. Nossa prioridade deve ser abrir o coração para saber qual é a escolha certa para nós.

9

APRENDENDO A SER CURADO E A PERMANECER CURADO

A maioria das abordagens de cura e sucesso se concentra no mestre, em quem cura, no pensamento correto ou no remédio correto a ser utilizado. As nove técnicas para criar milagres práticos transferem essa concentração para o aluno, o paciente ou o cliente. Por exemplo, para ser saudável, um paciente inicialmente precisa aprender a *ser curado* e depois a *permanecer curado*. O paciente aprende a melhor forma de receber e se beneficiar da energia natural de cura. Nossa dependência excessiva de drogas, de remédios, médicos, dietas e especialistas provocou uma crise na saúde pública. Até os médicos mais conservadores concordam que não é saudável desistir da responsabilidade por nossa saúde. Ninguém discorda dessa idéia, mas não há de fato alternativas significativas.

Antigamente o sistema médico era famoso por desprezar as abordagens alternativas, porém, hoje, a medicina está muito mais esclarecida. Os médicos, apesar de ainda estarem desconfiados das práticas muito radicais, estão admitindo a importância da nutrição e de outras alternativas, tais como a quiroprática, a acupuntura e a massagem. É claro que uma única abordagem não funciona para todos. Quando várias disciplinas são usadas em conjunto, a cura pode ser mais eficiente. Os médicos agora estão tendo um raciocínio mais holístico.

Dependência de cuidados médicos

Os adultos não devem mais ser tratados como se fossem crianças incapazes de resolver o que funciona melhor para eles.

Os médicos não descartam sumariamente as opções alternativas como costumavam fazer, porque, se fizessem isso, perderiam pacientes. Quando os médicos desaprovam as escolhas alternativas, os pacientes vão em frente de qualquer maneira e as experimentam. Com a vasta informação disponível na Internet, alguns pacientes estão ficando melhor informados do que seus médicos.

A livre escolha e um número maior de opções representam um passo importante, mas não são a resposta para a crise da medicina. Ainda se dá muita ênfase a qual tratamento alternativo ou qual abordagem pode torná-lo saudável. Você pode depender de médicos, injeções, operações e drogas, ou aprender mais sobre abordagens alternativas, mas provavelmente ainda continua dependente demais.

Pesquisas demonstram que, à medida que o maior segmento da sociedade – os que nasceram depois da Segunda Guerra – envelhece, não há como satisfazer a necessidade crescente que se tem dos cuidados com a saúde. Nós vivemos mais agora, mas é a nossa dependência em certos tratamentos caros que mantém a maioria em forma. Depender de tratamento e drogas e sofrer os efeitos colaterais limita seriamente nosso estilo de vida, nossas finanças e a qualidade de vida. Os programas de saúde do governo nos Estados Unidos já estão funcionando além dos limites. Os preços, cada vez mais altos, e a população de idosos já estão ameaçando a disponibilidade de tratamentos de saúde de qualidade. Será que existe outra maneira de viver mais?

Vivemos mais hoje, mas muitos de nós dependem de tratamentos muito caros.

A dependência dos médicos ou dos tratamentos alternativos não é má, nem errada. O problema é que precisamos demais deles. Dependemos demais de uma pílula mágica e ignoramos nosso novo poder de autocura. E, dependendo demais dos outros, ficamos privados do nosso poder de nos curarmos sozinhos.

As pessoas hoje pressentem a possibilidade de ter uma saúde vibrante e de viver mais, mas não sabem como chegar lá. Sentimos que é possível, mas não temos as respostas. Essa nova sede, combinada com a liberdade de escolha, na verdade só faz aumentar nossa dependência. A verdadeira liberdade, não só a de escolher nosso plano de saúde, será concreta quando formos capazes de usar nosso potencial de cura e de nos beneficiarmos de outros tratamentos externos para acelerar a nossa recuperação quando for necessário.

Saúde vibrante

Quando o ato de criar milagres e de seguir o coração despertar dentro de você a verdadeira fonte da felicidade, você compreenderá o quanto dependia da comida e da bebida para estimulá-lo e deixá-lo feliz. Essa descoberta revela o maior segredo da saúde. O corpo fica mais saudável quando não dependemos mais do alimento para sermos felizes. Subitamente, a água e alimentos mais simples passam a ser deliciosos. Quando isso acontece, é fácil fazer adaptações em nossa dieta sem nenhuma sensação de privação.

O corpo fica mais saudável quando deixamos de depender do alimento para sermos felizes.

Desde que você beba muita água e coma alimentos saudáveis, pode comer quanto quiser e manter seu peso e sua forma naturais. Também não é necessário comer alimentos saudáveis o tempo todo. Às vezes não é possível obtê-los. Se você é saudável, alguns lapsos ocasionais não vão fazer mal nenhum. Em geral, uma boa regra é que 80% de sua dieta consista de alimentos realmente saudáveis, e 20% do que estiver ao seu alcance.

Assim como você pode praticar técnicas para abrir seu coração e aumentar seu sucesso, há também maneiras novas de curar o seu corpo, utilizando a mesma energia natural que faz milagres em sua vida. Quando você deixa de depender da comida para ser feliz e recupera sua sede e fome naturais, seu corpo consegue se curar com muita eficiência.

O corpo já é feito com perfeição para se manter saudável. Em muitos casos ele pode se curar se o sustentarmos com água, minerais, vitaminas e proteínas necessárias. Com esses blocos saudáveis de construção e com seu novo poder de fazer milagres, você terá uma vida longa e saudável.

Milagrosamente também, quando nos concentramos em nossa forma exclusiva e particular, começamos a nos amar mais e a admirar a nossa aparência. Quando começamos a gostar do nosso corpo e a dar valor a ele, descobrimos também que o corpo do nosso companheiro ou companheira parece mais belo e atraente. Quando temos saúde, automaticamente deixamos de lado nossas expectativas irreais de como deveríamos ser e começamos a gostar de nós mesmos. Essa auto-estima aumenta nosso desejo sexual e nos torna mais atraentes para o nosso parceiro.

SEXO COM MAIS DE QUARENTA ANOS

Muitas pessoas com mais de quarenta anos perdem o interesse pelo sexo. Elas acham que essa perda de interesse faz parte do processo de envelhecimento. Não reconhecem que é um problema, porque não sentem mais necessidade. Em geral, identificamos um problema quando sentimos uma necessidade e não conseguimos satisfazê-la.

Se eu quero fazer sexo mas não consigo um desempenho adequado, então considero isso um problema e fico motivado a tomar alguma providência. Se eu quero sexo e o meu companheiro ou companheira não quer, então eu posso reconhecer que existe um problema no relacionamento e aí procuro ajuda ou faço alguma coisa para resolvê-lo. A consciência do problema nos motiva a criar uma solução.

Portanto, o problema mais difícil de resolver é aquele que passa despercebido. Quando não sentimos desejo sexual, a ausência de sexo não é um problema. Da mesma maneira, quando as pessoas ficam mais velhas, acham que a doença é uma parte normal do processo de envelhecimento. Fazendo algumas mudanças, a doença perde o poder que exerce sobre nós, e podemos despertar a capacidade natural de cura do nosso corpo.

> O problema mais difícil de resolver é o que passa despercebido.

A saúde vibrante implica não só estar livre de doenças, mas também possuir energia ilimitada. Com a saúde vibrante, viver com o nosso corpo passa a ser uma imensa fonte de prazer. Essa é a dádiva que recebemos quando começamos a usar nosso potencial criativo interior.

A CURA DO CORPO, DA MENTE, DO CORAÇÃO E DA ALMA

Para que qualquer milagre ou mudança positiva aconteça em sua vida, é preciso que haja uma cura nos níveis físico, emocional, mental e da alma. Para criar milagres, além de começar a praticar os nove princípios, temos também de desativar o que nos impedia de avançar.

Quando promovemos mudanças positivas no nível físico, temos de nos empenhar em beber mais água para limpar as toxinas liberadas pelo corpo. No nível emocional, precisamos aprender a deixar de lado os antigos problemas emocionais que retornam. No nível mental, precisamos acabar com as crenças limitadas nos expondo a crenças novas e atualizadas. Esses são alguns exemplos de crenças antigas e novas:

ANTIGA	NOVA
Mudar é impossível.	Agora os milagres são possíveis.
Você deve aceitar o seu destino.	Eu posso criar o meu destino.
Não fique furioso, revide.	As decisões baseadas na bondade são mais bem-sucedidas.
Devemos fazer justiça.	Meu alívio não depende de punir os outros. Sou responsável pelo que sinto e procuro ser sempre misericordioso.
Alguém disse para eu fazer isso.	Presto atenção no que os outros dizem, mas sigo meu coração. Eu, e ninguém mais, sou responsável pelo que faço.
A vida é injusta.	Não preciso perder tempo com o que é negativo porque tenho o poder de criar o que eu quero.
É necessário se sacrificar para progredir.	Quando vivo o amor, a confiança e o livre-arbítrio, o sucesso vem a mim.
O sucesso advém do trabalho duro.	O sucesso advém de tomar decisões quando estou tranqüilo e centrado no meu verdadeiro eu.
A nossa infância determina o sucesso	A todo momento tenho a opção de entrar em contato com meu

que teremos mais tarde.	potencial ilimitado de criar o que quero. O meu futuro não é determinado por meu passado, e sim pelo que sinto, penso e faço neste momento.
Não consigo concretizar meus sonhos.	No passado eu era limitado, mas agora posso começar a criar o que realmente quero.
Eu não devia atender às minhas necessidades primeiro.	Devo cuidar das minhas necessidades para poder dar livremente para os outros, sem bloqueios.
Eu tenho de fazer.	Baseado em minhas opções, tenho sempre a liberdade de escolher o que vou fazer e o que sinto.
Há algo de errado comigo se sofro contratempos ou se sinto medo.	Contratempos e medo são naturais e fazem parte da minha jornada para o sucesso na vida.
As pessoas bem-sucedidas têm alguma coisa que eu não tenho.	Tenho tudo de que preciso para criar o sucesso que quero.
Você me deve isso, e, se não pagar, não poderei ter sucesso.	Quando eu perdôo as dívidas dos outros, fico mais livre para criar o sucesso que quero.
Você é responsável pelo meu fracasso ou perda.	Há sempre muitos fatores responsáveis por qualquer perda ou fracasso. Eu só procuro

Conheço as minhas limitações.	aprender a lição e persisto em criar o que quero com maior sabedoria.
	Estamos vivendo numa nova era de milagres. Eu agora tenho um potencial muito maior para mudar.
Isso é difícil demais; não consigo fazer isso.	A luta e o sofrimento aparecem quando me desligo do meu poder de criar. Quando exercito esse novo músculo, tudo fica mais fácil.
Case-se; obtenha o amor de que você precisa para ser feliz.	Case-se para dar amor e não apenas para recebê-lo.
O desenvolvimento espiritual é difícil e leva anos para se realizar.	Você pode sentir a energia de Deus facilmente em poucos minutos de prática.
O romance deveria ser automático e não durar muito.	O romance pode durar, mas exige uma mudança em nossa comunicação.
O que determina a doença é a genética e a idade.	A genética só determina a nossa tendência a ter uma doença específica quando nos desligamos da nossa capacidade de nos curar.
Pessoas idosas automaticamente perdem a vitalidade.	À medida que envelhecemos podemos ter uma saúde vibrante.

Ler este livro e outros com inspiração positiva, escritos por pessoas bem-sucedidas vai ajudá-lo a deixar para trás as convicções limitadoras do passado. Porém, a verdadeira mudança ocorre quando temos a experiência direta da validade dessas novas crenças. Utilizando as nove técnicas você primeiro se sentirá ativado e depois começará a expressar o seu novo potencial interior. Através da cura do corpo, da mente, do coração e do espírito, você construirá de imediato o alicerce para criar milagres práticos.

10
NOVE TÉCNICAS PARA CRIAR MILAGRES PRÁTICOS

O processo para criar milagres práticos sofre uma enorme aceleração quando você pratica as nove técnicas de energia natural. Na minha área cada vez mais especializada, é bom consultar os especialistas, aprender com a experiência deles e testar suas técnicas. Quando eu quis aprender a tocar piano, não tentei fazer isso sozinho. Encontrei um bom professor para me ensinar as técnicas e os macetes. Para aprender a dirigir automóvel, recorri a uma auto-escola. Quando resolvi aprender a meditar, procurei um professor de meditação. Quando quis aprender a curar, recorri a um grande mestre de cura. Sempre que queremos aprender alguma coisa nos beneficiamos muito procurando ajuda.

Os mestres podem nos mostrar o caminho que funcionou para eles, mas não podem fazer com que esse caminho funcione também para nós. Depois de aprender a usar essas novas ferramentas e técnicas da energia natural, cabe a nós fazermos o dever de casa. Nesse caso, creio que você descobrirá que as técnicas de energia natural, além de úteis e relevantes para a sua vida, são também divertidas. Quando estiver familiarizado com elas, poderá adaptá-las como melhor lhe aprouver.

Neste capítulo incluo nove das técnicas mais poderosas que utilizo para criar milagres práticos. São técnicas desenvolvidas em 28 anos de dedicação à pesquisa, ao estudo, à experimentação e aos testes. Eu pessoalmente ensinei para mais de meio milhão de pessoas em meus workshops e obtive resultados excelentes, além do "feedback" necessário para refinar e simplificar essas técnicas.

Essas técnicas simples ajudaram milhares de pessoas a criarem milagres práticos.

Muitas dessas idéias são antigas e algumas são novas. O que é antigo e sobrevive através da história sempre tem valor. Ao mesmo tempo, se uma idéia é antiga, ela provavelmente precisa de algum tipo de ajuste. O que é exclusivo nessas nove técnicas é que elas promovem ajustes pequenos mas significativos que atualizam as habilidades e a sabedoria antiga. Essas técnicas não exigem nenhuma crença religiosa específica. Elas corroboram todas as religiões. Não são um ramo particular da psicologia. Elas corroboram todas as abordagens. Não são receitas médicas e nem prometem a cura, mas fazem com que você obtenha o máximo do seu médico ou de quem cuida de você. Elas vão ajudá-lo a despertar o seu próprio poder de cura.

Essas técnicas não são uma pílula mágica. Não fazem nada e não prometem nada, mas podem ajudá-lo a começar a criar milagres práticos em sua vida. Elas ensinam você a dirigir o carro, mas é você que tem de entrar nele e dar a partida.

**Essas técnicas não são uma pílula mágica.
É você que tem de fazer o dever de casa.**

Não são necessariamente melhores do que outras abordagens. Eu as ensino porque elas funcionam muito bem para mim. Cada pessoa é única. Uma abordagem pode funcionar melhor para uma pessoa, enquanto outra pode funcionar melhor para uma segunda. Eu continuo a aprender novas abordagens com os outros para ver como posso adotar o que funciona para mim e adaptar o que tenho a novas idéias e abordagens. Nos últimos trinta anos em que ensinei e compartilhei diferentes versões dessas técnicas com os outros, vi que funcionavam para a maioria.

Você pode descobrir que uma dessas técnicas funciona melhor para você do que para os outros. Isso é perfeitamente normal. Eu tenho de escolher as técnicas de acordo com a minha necessidade atual, ou até para atender a algum capricho do momento. Às vezes preciso de uma técnica e, em outra ocasião, preciso de outra diferente. Ater-se a apenas uma é o mesmo que dizer que as pessoas deviam comer só proteínas, ou só vegetais, ou só grãos, ou só frutas, ou beber apenas água. Em geral, precisamos um pouco de cada, mas em alguns momentos podemos precisar de apenas um.

Para começar a criar milagres práticos, temos de atender a três exigências. Primeiro precisamos saber para onde estamos indo. Essa informação é dada pelos nove princípios básicos. Às vezes nos perdemos no caminho, mas, se sabemos para onde queremos ir, podemos rapidamente voltar aos trilhos.

Em segundo lugar, precisamos saber quais são as nossas necessidades de acordo com nossa idade, para garantir que estamos recebendo o que precisamos especificamente, continuando a seguir nosso coração, nossa consciência, nossas obrigações e nossos sonhos.

O terceiro elemento é a técnica. Para dominar qualquer habilidade, necessitamos praticar e desenvolver a técnica. Se os nove princípios fornecem um mapa de onde queremos ir, obter o que precisamos é o combustível. E, finalmente, aprender e praticar as nove técnicas de energia natural é como aprender a dirigir. Quando se sabe dirigir, pode-se dar a partida sozinho.

Praticando essas nove técnicas de energia natural, satisfazendo suas necessidades e seguindo a orientação dos nove princípios, você abrirá a porta para que os milagres práticos aconteçam.

Não são necessários longos anos de prática ou mesmo qualquer sacrifício para conquistar o domínio dessas novas técnicas. Até certo ponto elas podem facilmente ser adaptadas à vida de qualquer pessoa. O que é realmente maravilhoso é que funcionam imediatamente. A pessoa não precisa contar com a fé de que alguma coisa boa talvez possa vir a acontecer. Com esse reforço imediato e positivo através da experiência diária, é mais fácil se lembrar de praticá-las. Uma técnica só pode ajudar se a utilizarmos continuamente.

Vamos rever rapidamente as nove técnicas e depois você poderá escolher qual deseja praticar inicialmente. Eu sugiro que vá experimentando aos poucos, na ordem em que estão relacionadas. E como acontece com todas as minhas sugestões, é você quem decide o que fazer.

AS NOVE TÉCNICAS

1. Praticando a simples **técnica de recarregar** você formará a base para que todas as outras técnicas funcionem melhor. Quando aprender a usar conscientemente a energia natural, sua mente ficará mais clara, seu coração poderá se abrir mais, e seu corpo receberá mais da força vital de que precisa para ter uma saúde vibrante. Quando você recarregar, poderá começar a acumular mais energia, e o seu carisma ou magnetismo pessoal aumentará. Esse aumento do poder pessoal serve de experiência concreta diária para sustentar o primeiro princípio dos milagres práticos: **acredite que milagres são possíveis.**

2. A **técnica de descarregar**, além de eficiente, é a mais divertida de todas as técnicas. É uma sensação muito boa deixar o excesso de energia do estresse ou da angústia fluir para fora do seu corpo. É maravilhoso você saber que pode fazer isso sempre que quiser e em qualquer lugar, para liberar seu

estresse e a sobrecarga. Para as pessoas que são mais sensíveis ou sofrem de alguma doença, de dores crônicas ou de falta de energia, essa costuma ser a mais poderosa das nove técnicas.

Com essa nova liberdade para descarregar os efeitos do estresse e do mundo, você dará um profundo suspiro de alívio e se sentirá livre para seguir o segundo princípio dos milagres práticos: **viva como se fosse livre para fazer o que quiser.**

3. Depois de aprender a descarregar seu estresse, fica muito mais fácil seguir a **dieta de energia natural** (veja o capítulo 13). Na maior parte do tempo a compulsão de ingerir alimentos que não são saudáveis é uma tentativa de lidar com o estresse, a tristeza, o tédio ou a fadiga. Com esse artifício de liberar o estresse com prazer, a grande necessidade de obter energia com excesso de açúcar ou o torpor de comer demais deixa de existir. Quando você começa a fazer a dieta, descobre que a experiência da energia fluindo pelo seu corpo é muito mais concreta. Essa descarga torna mais fácil seguir a dieta, e a dieta torna a descarga mais eficiente.

Se for difícil no início sentir a energia ao recarregar, então pratique a técnica de descarregar. Se isso não estiver dando resultado imediato, então experimente fazer a dieta da energia natural apenas por alguns dias. Quando você passa a beber mais água e a comer alimentos saudáveis, sente automaticamente a energia natural ao praticar as técnicas de recarregar ou descarregar.

Enquanto pratica essa dieta simples e fácil de fazer, você sentirá uma liberdade maior para ser você mesmo. Não sendo manipulado por compulsões doentias, os desejos da sua alma afloram. Você descobre que se sente jovem de novo, que tem muita coisa para aprender e muitos lugares para ir e aproveitar. A vida parece uma loja de brinquedos, com oportunidades infinitas de realização e de crescimento. Você não se prende mais a uma rigidez; ao contrário, está livre para escolher e criar qualquer mudança que quiser. Com essa liberdade você tem mais capacidade para seguir o terceiro princípio: **aprenda como se fosse um principiante**.

4. Aplicando a **técnica da reação positiva** em seus relacionamentos, em casa e no trabalho, você ficará livre para deixar o passado para trás e viver o tempo presente. Isso servirá para você parar de desperdiçar energia culpando os outros, sentindo pena de si mesmo, ou achando que você é o culpado. Quando perdoa os erros que os outros cometeram, você se livra da tendência de ficar magoado, ofendido e na defensiva. Praticar essa técnica de perdoar os outros na verdade é uma dádiva para você mesmo. Essa técnica representa uma maneira de seguir o quarto princípio: **ame como se fosse a primeira vez**.

5. Utilizando o **processo desbloqueador** você vai aprender a lidar sem esforço com seus sentimentos negativos e partir para sentimentos mais positivos. Em inúmeras situações poderíamos efetuar essa mudança com facilidade se soubéssemos o que fazer. Com esse processo você obterá um mapa para encontrar o caminho de volta ao seu verdadeiro eu quando se sentir desorientado. Esse mapa apenas ajuda a procurar o que é verdadeiro para você em qualquer momento e, com essa maior consciência, seu poder de criar milagres práticos faz o resto.

Quando estiver perturbado ou sem ação, em vez de se deixar enganar acreditando que não possui o que precisa para ser feliz, você poderá remover os bloqueios que existem em seu interior. Ficará livre para se dar mais e não ficará esperando que os outros dêem primeiro. Essa técnica é uma maneira de seguir a orientação do quinto princípio: **seja generoso como se já tivesse tudo de que precisa**.

6. A **técnica de retificação de atitude** ajuda a vivenciar a sua capacidade de criar resultados sem ter de fazer todo o trabalho. Um elemento principal para se ter sucesso na vida é ter

as idéias certas e fazer as escolhas certas. Se você se concentrar em seus objetivos e depois imaginar como se sentiria se tivesse exatamente o que quer, o seu subconsciente poderá organizar os pensamentos e desejos mais úteis e melhores para você. Modificando sua atitude em relação ao seu dia você poderá obter mais facilmente aquilo que deseja.

Quando você sabe o que quer e consegue imaginar como vai se sentir tendo isso, fica mais aberto para reconhecer as possibilidades de chegar lá. Isso é o contrário de adiar a sensação boa até chegar onde se quer.

Com essa experiência de descobrir que os sentimentos provocados pelo sucesso estão dentro de nós o tempo todo, temos acesso ao poder criativo interior que vem dessa sensação boa e não ficamos adiando esse bem-estar até alcançar um objetivo futuro. Essa capacidade de viver o momento e de estar motivado para criar um futuro ideal serve de base para seguir o sexto princípio: **trabalhe como se o dinheiro não fosse importante**.

7. A **técnica da respiração intencional**, junto com a de descarga, enriquecerá imediatamente sua capacidade de praticar qualquer uma das outras técnicas. Quando nada mais funcionar, dê uma caminhada e respire fundo. Andar rápido força a respiração, o que bombeia o oxigênio vital para todo o corpo. Mais importante do que a água para a sua saúde é o ar. Podemos ficar alguns dias sem água, mas não podemos ficar sem ar mais do que por alguns poucos minutos.

E lembre-se: quando nada funcionar, respire fundo e peça ajuda. Quando lutamos, simplesmente esquecemos que não estamos sozinhos neste mundo. É sempre possível obter ajuda. Quando se combina intenção e respiração, une-se a mente, o coração, o corpo e o espírito. Essa técnica lhe dá um meio para seguir a orientação do sétimo princípio: **relaxe como se tudo fosse se resolver**.

8. Praticando a **cura com a energia natural** você sentirá um aumento da energia espiritual que nem imaginava que fosse possível. Quando você recarrega, só consegue atrair a energia que usará para você, mas quando você cura outros, atrai muito mais. Você pode usar a energia de que precisa e a energia que a pessoa que você está curando precisa. E de repente a energia divina ou natural de Deus flui através de você com mais poder e magnitude.

Se alguém muito doente estiver receptivo para a cura, o fluxo de energia será ainda maior, porque a pessoa está muito doente. Ironicamente, quando a pessoa está muito doente ou sentindo dor, você sente muito mais energia fluindo em você para curá-la. Esse procedimento prático e simples permite que você peça ajuda a Deus para se curar também. O fato de você pedir ajuda de cura e receber uma resposta imediata serve de alicerce para orientar o oitavo princípio: **converse com Deus como se Ele estivesse ouvindo.**

9. Praticando o **exercício do "e se..."**, você descobrirá que em qualquer momento você pode escolher como quer se sentir. Muitas vezes ficamos limitados por nossas reações, que se baseiam em crenças limitadas e inconscientes do nosso passado. Quando nos sentimos bloqueados, por vezes tudo que temos de fazer é reavaliar a situação de um ponto de vista diferente para eliminar o bloqueio.

Por meio da simples exploração das nossas reações a uma série de perguntas que começam com "e se...", nós nos tornamos livres para descobrir nosso verdadeiro eu. Com um pouco de prática você verá que em cada área da sua vida existem possibilidades ilimitadas de levar uma vida feliz, saudável, rica e gratificante. Essa é a base para seguir o nono princípio: **banqueteie-se como se pudesse ter tudo que deseja.**

Cada uma dessas nove técnicas diferentes para criar milagres práticos tem um capítulo separado. Não tente aprendê-las todas de uma vez só. Com essa visão geral, escolha a que lhe parece mais interessante e experimente-a primeiro. É muito assoberbante tentar fazer muitas coisas ao mesmo tempo. A única coisa que você precisa fazer para começar a criar milagres práticos é começar. Você já tem o poder. Qualquer uma dessas técnicas pode ajudar você a encontrar esse poder e a usá-lo.

11
A TÉCNICA DE RECARREGAR

Se você não acreditar muito, a ponto de se arriscar a sair da sua zona de conforto para testar seu novo poder criativo, jamais saberá que o tem. Se não acreditar que é possível mudar, nunca irá tentar. Se não começar a usar o seu potencial interior, ele não poderá jamais se desenvolver e aumentar.

A energia a mais de que precisamos para criar milagres não está presente apenas no que comemos. Ela nos cerca na natureza, mas a maioria de nós não sabe como canalizá-la. Quando nos sentimos renovados e rejuvenescidos depois de uma caminhada pelo parque, de nadar no mar, ou de passar uma noite ao pé da lareira, temos o gostinho dos benefícios da energia natural. A minha experiência com a cura do meu olho é uma clara demonstração disso.

Com a simples técnica de recarregar, você também poderá aprender a canalizar quando quiser a energia do ar fresco, do fogo, da água, da terra, das flores e da natureza em geral, com maior eficiência. A ligação com os elementos naturais, além de recuperar nossa alma, também recupera nosso corpo, nossa mente e nosso coração. É literalmente uma experiência de cura parar e sentir o perfume das rosas.

Quando está inspirado, feliz ou energizado, você está sentindo os benefícios do livre fluir da energia natural. Quando está estressado, pressionado, ansioso ou angustiado, você apresenta os sintomas do bloqueio da energia natural. Uma consciência maior da energia natural pura fará com que você possa controlá-la, e assim quando o estresse chegar, você poderá rapidamente sentir de novo essa energia fluindo.

Estresse e angústia são apenas sintomas do bloqueio da energia natural que pode ser facilmente liberada.

Embora o conceito de canalização de energia possa parecer estranho a princípio, na verdade é uma experiência bem comum. Quando você inspira a frescura de uma rosa, sente-se bem naturalmente, porque está tomando uma colher de chá de energia natural. Com um pouco de prática, você pode aprender a tomar litros e mais litros dessa energia todos os dias, para aumentar e melhorar o seu poder de se concentrar, relaxar, criar, amar, compreender e aproveitar. Quando você fica sob a água do chuveiro de manhã, sente-se mais animado para enfrentar o dia, mas, depois de aprender a recarregar, a sensação de rejuvenescimento será muito maior.

Quanto mais você puder sentir diretamente a energia natural, mais estará inalando sentimentos positivos puros e pondo para fora o estresse e a angústia. Praticando a simples **técnica de recarregar**, aprenderá não só a reconhecer e a sentir a energia natural, como também passará a acumulá-la da mesma forma que economiza dinheiro no banco. **A energia natural é o combustível para você promover as mudanças que nunca havia sido capaz de fazer.**

Para criar milagres práticos, precisamos de mais energia natural. A força vital que permeia o universo e que está sempre em nós e à nossa volta se concentra em cada um dos elementos – fogo, terra, ar, água e espaço. A sensação revigorante que você tem quando nada num rio ou quando respira o ar fresco no topo de uma montanha vem da energia natural pura. Quando estamos relaxados e cercados pelos elementos naturais, é mais fácil recarregar e absorver mais dessa preciosa energia.

Se você está estressado, angustiado, tenso ou doente, é porque tem uma deficiência da energia natural. Aprendendo a absorver o máximo possível dessa energia, você poderá relaxar e se sentir melhor onde quer que esteja. Não é necessário adiar essas grandes doses de energia natural para quando você estiver de férias. Em vez disso, você pode criar as condições adequadas para tomar litros e litros de energia natural todos os dias.

> **Não é necessário esperar até as férias para tomar grandes doses de energia natural.**

É claro que fazer uma boa alimentação e beber muita água ajuda, mas não basta. Quando aprendemos a recarregar, conseguimos absorver com mais eficiência a energia natural, mesmo quando não podemos passar um fim de semana na floresta ou tirar uma semana para relaxar na praia.

Como acontece quando tiramos férias prolongadas, podemos recarregar as energias em poucos minutos sob o chuveiro, dentro de um ônibus ou num trem a caminho do trabalho, ouvindo uma música tranquila no carro, ou assistindo a um esporte ao vivo na televisão. Existe uma abundância de energia natural à nossa disposição por aí; basta aprender a senti-la e a absorvê-la com as pontas dos dedos.

> **Você pode obter os benefícios de férias prolongadas recarregando as energias por alguns minutos durante uma chuveirada de manhã.**

Recarregar é simples. Com um pouco de prática você irá despertar os canais nas pontas dos dedos para *captar e sentir a energia natural*. No princípio terá de ficar relaxado e concentrado para sentir, porém, depois que aprender como é, poderá fazer isso facilmente assistindo à televisão ou caminhando. Qualquer tarefa é difícil quando não estamos preparados, mas quando estamos, fica muito fácil. Para uma criança, aprender a andar é um feito formidável, até o dia em que ela está pronta. A partir daí, com um pouco de prática, ela levanta e sai andando. Este é o momento em que toda a humanidade pode sentir a energia natural e aprender a usá-la com facilidade.

APRENDENDO A SENTIR A ENERGIA NATURAL

O primeiro passo para aprender a recarregar é despertar sua capacidade de sentir a energia natural. Para praticar esse simples exercício de despertar, escolha uma hora em que não será interrompido nem distraído por nada, e siga estas breves instruções. Essa experiência costuma ser mais potente e profunda quando aprendemos com um professor ou numa aula, mas com a prática você pode chegar facilmente ao mesmo resultado em casa e sozinho.

A experiência e a descrição da energia natural podem variar de pessoa para pessoa e até de um momento para outro. Muitas vezes é uma espécie de formigamento, parecido com o que sentimos quando nossa perna "dorme" e começa a acordar. Às vezes é um tipo de pulsação delicada ou uma sensação de latejar. Outras vezes é um calor, às vezes uma espécie de entorpecimento. Nos estágios mais avançados é como uma brisa suave entrando pelas pontas dos dedos, ou uma corrente de energia que estamos literalmente sugando.

No início, quando essa energia começa a fluir, você pode sentir que de repente fica mais pesado, ou então que o espaço à sua volta fica mais espesso. Isso é um bom sinal, que indica que o seu corpo está sentindo um novo nível de energia ou de freqüência, e que está se adaptando para integrá-la.

Não se preocupe se o exercício não funcionar na primeira vez, e não desista. Lembre que nem todo mundo consegue jogar a bola de basquete dentro da cesta na primeira vez que tenta. Para aprender a atingir a bola com o taco de beisebol, também precisamos repetir diversas vezes, mas com o tempo o movimento passa a ser natural. Se você precisar fazer várias tentativas para se conectar com essa energia, é porque certos dispositivos de ligação dos neurônios do seu cérebro ainda precisam crescer para fazer as conexões necessárias. A maioria das mulheres consegue senti-la imediatamente, porém, se a mulher costuma se esforçar demais para agradar aos outros, ela pode precisar de um pouco mais de prática para relaxar e sentir a energia. Se você não sentir a energia da primeira vez, tente de novo depois de fazer uma caminhada rápida de vinte minutos. Será muito mais fácil despertar essa nova consciência. Com prática qualquer pessoa, de qualquer idade, pode aprender esse processo.

SENTINDO A ENERGIA NATURAL

1. Fique cerca de trinta segundos com as mãos abertas, simplesmente sentindo as palmas e as pontas dos dedos como se segurasse uma bola de basquete imaginária.
2. Por cerca de trinta segundos, sentindo as palmas das mãos e as pontas dos dedos, afaste lentamente as mãos mais ou menos doze centímetros, como se segurasse uma bola grande de praia.
3. Por cerca de trinta segundos, sentindo as palmas das mãos e as pontas dos dedos, junte lentamente as mãos como se segurasse uma laranja imaginária.
4. Por cerca de trinta segundos, sentindo as palmas das mãos e as pontas dos dedos, afaste as mãos novamente como se segurasse uma bola de basquete.
5. Nos dois minutos seguintes, repita os quatro passos acima de olhos fechados e pratique a respiração intencional contando até seis – seis para dentro e seis para fora.

Quando você consegue sentir a energia natural, tem o poder de criar milagres práticos literalmente nas pontas dos dedos.

Agora você aprenderá como direcionar essa energia para onde quiser.

USANDO A ENERGIA NATURAL

A energia natural responde melhor aos seus pedidos sinceros, de coração. Se você precisar de mais, ela virá. Sempre que você se sentir estressado, angustiado, bloqueado ou doente, poderá sugar mais energia. A energia natural, dependendo do que precisamos em qualquer situação específica, traz mais paz, alegria, confiança, amor, paciência, otimismo, força, humildade, realização, inspiração, coragem e inocência. Com esse tipo de apoio, podemos concentrar melhor nossas mentes e ser mais criativos e bem-sucedidos. Podemos abrir nosso coração e ser mais amorosos e solidários e aproveitar melhor a comunicação e os relacionamentos. Podemos fazer uma limpeza e literalmente jogar fora o estresse e a angústia, e, na mesma hora, nos sentirmos melhor.

A energia natural está sempre à disposição para atender às nossas necessidades, mas temos de direcioná-la. Se não "pedimos", a vida continua como antes, e nós continuamos a lutar para efetuar mudanças sozinhos, sem sua ajuda vital.

A energia natural está sempre à disposição para atender às nossas necessidades, mas temos de direcioná-la.

O pedido de energia natural deve ser sincero e de coração, não para convencer a energia a reagir, mas para nos tornar mais receptivos. Uma atitude vulnerável, humilde e de apreço nos torna mais receptivos para receber esse poder milagroso. Para atrair mais, temos sempre de ter em mente nossa necessidade de ajuda.

Essa energia, além de tangível, é inteligente. Ela cria o nosso corpo, digere a nossa comida, regula a temperatura do corpo, mantém o equilíbrio, distribui nutrientes para os bilhões de células do corpo, regula a respiração, mantém o coração batendo 24 horas por dia e contrai e relaxa os músculos. Ela literalmente faz tudo. A única coisa que temos de fazer é captá-la e depois direcioná-la com a nossa vontade ou intenção.

PREPARAÇÃO PARA RECARREGAR

Agora que você já sente a energia, o próximo passo é experimentar mover as pontas dos dedos para direcionar essa energia natural. Quando você conseguir direcioná-la, estará pronto para recarregar e absorver mais energia do que jamais teve.

Esse exercício introdutório é usado unicamente para despertar sua capacidade de direcionar a energia. Depois de praticá-lo por cinco minutos, estará preparado para recarregar. Se achar difícil porque você está muito estressado ou angustiado, alguns minutos desse exercício de aquecimento servirão para prepará-lo para recarregar as energias com sucesso. Você só precisa de cinco minutos para aprender e praticar mover as pontas dos dedos.

> Por mais estressado que você esteja, mover as pontas dos dedos só leva cerca de cinco minutos.

A preparação para recarregar consiste de cinco passos fáceis e duas posições específicas das mãos. Antes de começar, familiarize-se com cada um dos cinco passos e com as duas posições das mãos. As duas posições das mãos são com elas para cima e para baixo. Quando você levanta as mãos, as palmas devem estar viradas para frente, os dedos relaxados e apontando para cima, e seus cotovelos devem ficar relaxados ao lado do corpo. Na posição das mãos para baixo, seus braços ficam soltos e retos para baixo. As palmas das mãos ficam viradas para frente e seus dedos apontam para baixo.

Se na posição para cima ou para baixo for mais confortável ficar com os dedos levemente curvados, tudo bem. Com o tempo pode ser que eles acabem endireitando. Certifique-se de que seus dedos não fiquem duros, mas relaxados e confortáveis. É útil movê-los de vez em quando para soltar um pouco e acabar com qualquer rigidez ou bloqueios. Assim a energia flui mais livremente.

Depois de se familiarizar com essas duas posições das mãos, pratique movê-las da posição para cima para a posição para baixo, sempre com as palmas para frente. Quando se acostumar com esse movimento, você pode começar.

Passo 1. De pé, com as mãos na posição para baixo, conscientize-se das pontas dos dedos. Respire profundamente contando até seis e mova as mãos para a posição para cima. Cuide para respirar mais profundamente do que respira normalmente. Leve mais ou menos três segundos para elevar as mãos, para que elas fiquem na posição levantada por pelo menos três segundos.

Passo 2. Enquanto você solta o ar lentamente, contando até seis, abaixe as mãos devagar até a posição para baixo. Leve cerca de três segundos para abaixá-las, para que fiquem abaixadas por pelo menos três segundos. Quando movê-las, sinta as pontas dos dedos.

Passo 3. Repita os passos 1 e 2 dez vezes. Imediatamente antes de inspirar, mexa de leve um dos dedos. Antes de inspirar pela primeira vez, mexa o dedo mindinho da mão direita como se cutucasse o ar de leve. Inspire e levante as mãos. Depois solte o ar e abaixe as mãos lentamente para a posição para baixo. Antes de inspirar novamente, mexa o anular e levante as mãos. Continue assim até passar pelos dez dedos, mexendo um de cada vez. Quando chegar ao polegar da mão direita, passe para o mindinho da mão esquerda e vá mudando até o polegar esquerdo.

Assim você terá repetido as posições para cima e para baixo dez vezes e terá movido as pontas de todos os dedos. Isso pode parecer árduo, mas na verdade não é. Você levará menos de dois minutos para completar as dez repetições. Com um pouco de prática, fica muito fácil. Na verdade é mais difícil ler as instruções do que fazer.

Passo 4. Repita o passo 3 mais dez vezes com certos ajustes adicionais. Em vez de simplesmente respirar mais fundo, acrescente sua intenção verbalmente nesse processo. Diga mentalmente a intenção memorizada (ou IM), "para dentro" quando inalar, e "para fora" quando soltar o ar. Assim você estará conectando sua vontade à sua respiração e ao seu corpo. Para uma referência mais fácil, esse processo de mover a ponta de um dedo de cada vez com cada repetição da sua IM é chamado de "batida de dedo".

Passo 5. Agora repita o passo 4 mais dez vezes com mais um ajuste. Pense na IM "para dentro energia positiva pura" e "para fora estresse". Você na verdade estará conscientemente direcionando não só seu corpo e sua respiração, mas também a energia natural. Você irá inalar energia fresca e soltar energia de estresse que será reciclada pela natureza.

Para fazer esse processo sem esforço, concentre-se em direcionar a energia. Não precisa fazer mais nada. Simplesmente direcione a energia e espere que ela faça o que tem de fazer. No futuro você será capaz de acionar as pontas dos dedos com facilidade executando apenas o passo 5 por três ciclos de dez repetições. Em apenas cinco minutos seus dedos estarão completamente ativos. Eis os cinco passos resumidos, para você poder olhar para cada ponto e praticar ao mesmo tempo.

ATIVANDO AS PONTAS DOS DEDOS

1. De pé, com as mãos para baixo, inspire enquanto move as mãos para cima.
2. Solte o ar e abaixe as mãos.

3. Repita os passos 1 e 2 dez vezes. Conte cada repetição com a batida de dedo antes de inspirar.
4. Repita o passo 3 e pense na IM "para dentro" quando inspirar, e "para fora" quando soltar o ar. Lembre-se de manter os dedos ativos com a batida de dedo.
5. Repita o passo 4, mas mentalize a IM "para dentro energia positiva pura" e "para fora o estresse".

COMO RECARREGAR

Agora você está pronto para recarregar, o que é simples. Comece levantando as mãos até a posição para cima. Nos primeiros minutos do ato de recarregar, para ativar as pontas dos seus dedos, levante as mãos mais alto ainda, de forma que seus dedos fiquem um pouco acima de sua cabeça e seus cotovelos na altura dos ombros. Depois repita sua IM em voz alta dez vezes, com uma consciência cada vez maior das pontas dos dedos. Se você achar que não ficará à vontade para falar em voz alta, pode apenas pensar.

Quando estiver dizendo em voz alta a primeira repetição da sua IM, pense no dedo mindinho da mão direita. Antes da primeira repetição, simplesmente bata com ele no ar, para frente. Isso ajuda a despertar seu canal para poder captar energia através da ponta do dedo. Desse mesmo jeito repita a sua IM dez vezes em voz alta e desperte a ponta de cada dedo. Usando a batida de dedo você irá desenvolver rapidamente os canais para receber e enviar energia.

Depois das dez repetições, continue sentindo as pontas dos dedos e comece a repetir sua IM mentalmente. Abaixe os cotovelos bem devagar até uma altura mais relaxada e ao mesmo tempo mantenha as mãos na posição para cima. Continue a repetir sua IM mentalmente por dez minutos.

Durante esse processo, é normal e natural que sua mente comece a divagar e a pensar em outras coisas, tais como listas de compras, erros, coisas que você tem de fazer, comentários que você ou outras pessoas fizeram, e assim por diante. Logo que notar que sua mente está divagando, volte suave mas imediatamente a repetir sua IM. Mais uma vez concentre sua sensibilidade nas pontas dos dedos e conte mentalmente dez repetições com a batida de dedo. Se houver um fluxo súbito de energia, você pode fazer uma versão reduzida. Em vez de dez batidas, faça cinco. Com a primeira repetição, bata os dedinhos mindinhos das duas mãos. Com a segunda repetição, bata os anulares, e assim por diante.

E é só isso. Praticando essa técnica simples, você começará a ter acesso a um nível completamente novo de criatividade e de poder. Você se sentirá mais relaxado e descansado.

Recarregar lhe dá energia, mas se o seu corpo precisa de descanso, você pode ficar sonolento. Atraindo essa energia, você terá mais facilidade de ficar sintonizado com seu verdadeiro eu. Ela vai mantê-lo centrado e você não será facilmente dominado por reações e compulsões que não estão em sintonia com o que vai torná-lo saudável, feliz, amoroso e bem-sucedido.

ESCOLHENDO A IM CERTA

Apesar de as palavras não serem necessárias, elas nos ajudam a lembrar da nossa intenção e servem para facilitar a adoção de uma atitude receptiva. Repetir as palavras "venha energia" pode funcionar muito bem para alguns, mas não para outros. Para mim essa frase não atrai muita energia. "Venha energia" em geral só ativa minha mente. Exclui meu coração, minha vontade e minha alma.

Para atrair o máximo de energia natural, temos de envolver todos os quatro níveis do nosso ser. A repetição fornece a concentração necessária, mas as palavras que escolhemos evocam sentimentos e, quanto mais sentimento, mais receptivos ficamos. O ideal, o que funciona melhor, é usar palavras que criam uma sensação de sinceridade, humildade, vulnerabilidade,

receptividade e confiança. Para mim, esse efeito é produzido pela seguinte IM: "energia curativa, eu preciso muito da sua ajuda, venha por favor, obrigado."
 Esse tipo de intenção sincera, breve e de coração, além de manter minha mente concentrada, também envolve meu coração, minha vontade e minha alma.
 Se você tiver uma preferência religiosa específica, ponha no início da sua IM o nome ou as palavras que invoquem para você o sentimento de reverência espiritual. Se você se sente à vontade conversando com "Deus", então, em vez de dizer "energia curativa", convide Deus. Quando eu resolvo recarregar num contexto espiritual, minha IM pessoal é "oh, Deus, meu coração se abre para Vós. Por favor, venha, entre no meu coração. Obrigado". Eis alguns outros exemplos:

Oh, Jesus, meu coração está aberto para Vós. Por favor, venha, entre no meu coração. Obrigado.

Oh, Santa Mãe Maria, meu coração está aberto para vós. Venha por favor, entre no meu coração. Obrigado.

Oh, Pai celestial, meu coração está aberto para Vós. Venha por favor, entre no meu coração. Obrigado.

Oh, Mãe divina, meu coração está aberto para vós. Venha por favor, entre no meu coração. Obrigado.

Oh, Alá, meu coração está aberto para Vós. Venha por favor, entre no meu coração. Obrigado.

Oh, Grande Espírito, meu coração está aberto para vós. Venha por favor, entre no meu coração. Obrigado.

Oh, Krishna, meu coração está aberto para vós. Por favor venha, entre no meu coração. Obrigado.

Oh, Shiva, meu coração está aberto para vós. Venha por favor entre no meu coração. Obrigado.

Oh, Buda, meu coração se abre para vós. Venha por favor, entre no meu coração. Obrigado.

Oh, Luz Divina, meu coração se abre para vós. Venha por favor, entre no meu coração. Obrigado.

Se você não conseguir escolher, então use "*Energia curativa, preciso muito da sua ajuda, venha por favor. Obrigado.*"

Isso em geral funciona para todo mundo, independente da base espiritual e da crença. Com alguns meses de prática você ficará tão apto a sentir a energia que saberá quais palavras são melhores para você. Quando conseguir sentir essa energia, as orações da sua tradição espiritual também ficarão muito mais poderosas.

Estabelecer sua intenção e pedir ajuda sempre funciona, mas só será útil se você puder receber esse apoio. Quando você consegue sentir a energia natural ao recarregar, os resultados são muito mais rápidos. Se o seu braço está anestesiado e você não consegue senti-lo, não pode movê-lo. Mesmo sendo capaz de vê-lo não consegue movê-lo apenas com sua vontade. Mas logo que volta a sentir o braço, pode movimentá-lo à sua vontade. Da mesma forma, quando você consegue sentir a energia divina, pode atrair as inúmeras bênçãos de Deus.

COMPREENDENDO O PRINCÍPIO DA RESSONÂNCIA

Agora que você já é capaz de recarregar ou atrair a energia natural através das pontas dos dedos, pode garantir uma quantidade maior de energia cercando-se dos elementos naturais. Quando você recarregar, experimente fazer isso sentindo a influência da água, do fogo, do ar, da terra e do espaço. Não esqueça que não são exatamente os elementos que lhe dão energia. Eles apenas ajudam você a sintonizar a freqüência da energia natural que está sempre à sua volta e que é infinita.

Toda energia viaja em ondas ou freqüências, e cada elemento possui uma faixa de freqüência própria. Reconhecer e aproveitar um elemento específico abre nossas mentes e nossos corações para a energia natural que ressoa com o elemento. Através desse processo de ressonância é que nós começamos a atraí-la.

Quando a nota dó é tocada no piano e há um violão por perto, a corda do violão começa a ressoar na mesma hora e produz um som de dó. Do mesmo modo, quando você sente a energia natural, você pode começar a ressoar com todas as freqüências da natureza e ficar mais aberto para aumentar seu acesso a ela.

Num certo sentido, cada elemento é como um canal particular da televisão. Todas as estações estão transmitindo o tempo todo. Quando nós mudamos de canal, estamos apenas escolhendo uma freqüência diferente. Quando capta aquela freqüência, você não está sugando da estação transmissora. As freqüências estão sempre sendo transmitidas, independente de estarem ou não sendo capturadas.

> **Cada elemento é um novo canal de onde captamos uma freqüência diferente de energia positiva.**

Quando um elemento é rico e pleno de energia natural pura, sua freqüência pessoal é despertada e você passa a ter acesso à energia deste elemento. Uma rosa em botão, por exemplo, é uma das freqüências mais curativas da natureza. Mesmo sem a consciência da energia natural, praticamente todas as pessoas podem se sentir enlevadas quando sentem o perfume da frescura de uma rosa. Quando você aprende a recarregar perto de rosas recém-cortadas, ou segurando duas rosas nas mãos, você pode despertar dramaticamente o poder curativo natural do seu corpo.

Para obter conforto, somos automaticamente atraídos por situações que incluem os elementos de que mais precisamos. Algumas pessoas adoram se sentar ao sol, e outras gostam de longas chuveiradas. Em geral, isso acontece porque uma alma precisa mais da energia do fogo e a outra necessita de mais energia da água. Quando eu era menino, sempre queria sentar perto do aquecedor. Era a minha necessidade da energia do fogo. Mais tarde passei a adorar tomar longos banhos de chuveiro. Isso era motivado pela minha necessidade de atrair a energia da água.

Costumamos nos sentir atraídos por situações que incluem os elementos de que mais precisamos.

Quando nosso coração está aberto, somos atraídos para o que precisamos, mas quando nosso coração se fecha, sentimos repulsa pelos elementos de que mais precisamos. Por exemplo, quando você está deprimido, pode detestar a idéia de fazer uma caminhada em contato com a natureza, e isso é exatamente o que é necessário. Se você está realmente estressado, então a idéia de recarregar também é repulsiva. Felizmente, a técnica é tão fácil e adaptável, que você pode recarregar em qualquer situação, sem esforço algum. Como funciona muito rápido, seu coração se abre de novo e você consegue apreciar a energia natural de que precisa.

Para utilizar um elemento, você pode simplesmente recarregar perto dele, ou sentir, ou aproveitar a sua influência de alguma maneira. Por exemplo, para recarregar com o sol, exponha-se aos raios do sol nascente ou poente. Para recarregar com água, beba muita água, tome um banho de banheira, ou de chuveiro. O processo de recarregar e de descarregar é explorado com detalhes adicionais em meu livro *Como obter o que você quer e apreciar o que tem*.

12

A TÉCNICA DE DESCARREGAR

Você só consegue crescer e compreender o seu milagroso poder interior quando obedece seu coração, e não as regras dos outros. Você só pode criar milagres se estiver no lugar do motorista. Seja honesto com você mesmo e a verdade virá para você. Não deixe que suas tentativas de ser "bom" ou que a concentração em apenas ajudar os outros impeçam que você siga seu livre-arbítrio interior. Você não pode agradar a todos, por isso nem tente. Ao mesmo tempo, não permita que suas reações o impeçam de expressar quem você realmente é. Quando você se afirma com confiança e liberdade completa, tenha o cuidado de não se rebelar, desafiar ou reagir. Em vez disso, deixe os seus atos e escolhas refletirem o seu eu verdadeiro, com consideração, compaixão, sabedoria e paciência.

A verdadeira liberdade chega quando nos livramos das compulsões, dos vícios e das reações. Tantas vezes na vida nós sabemos que alguma coisa não é boa para nós, e mesmo assim fazemos. A compulsão é tão grande que simplesmente não conseguimos resistir. Não é natural sentir falta de algo de que não precisamos. Isso nos desliga do nosso potencial interior. Aprendendo a despertar nossas necessidades e desejos verdadeiros, conseguimos nos libertar de reações, compulsões, desejos e vícios que não são saudáveis.

Para permanecer conectado com o nosso verdadeiro eu, que é seguro, alegre, tranqüilo e amoroso, precisamos aprender a nos livrar do estresse e da angústia. Assim como um carro acumula sujeira e tisna, a nossa alma também fica assim depois de algum tempo. E, assim como você pode recarregar com energia positiva, também pode aprender a descarregar o estresse e a angústia. Com a diversidade de **técnicas para descarregar**, que são muito fáceis, utilizando conscientemente elementos naturais, você aprenderá a sentir-se melhor imediatamente.

Depois de aprender a recarregar você poderá começar a descarregar em seguida. Para muitas pessoas do Ocidente, essa técnica é ainda mais poderosa do que recarregar. Descarregando pode-se relaxar e liberar o estresse e a angústia para se sentir melhor e absorver mais energia positiva quando recarregar. Se estamos estressados, pressionados, angustiados, e assim por diante, nossa energia fica bloqueada de alguma forma. Essa restrição cria um acúmulo de energia e, por isso, às vezes sentimos que vamos explodir. Ao descarregar você pode liberar esse excesso de energia sem ter de explodir com os outros. Todos os vícios são formas doentias de liberar o excesso de energia. Descarregar é uma maneira saudável de fazer a mesma coisa. Descarregando é fácil acabar com os vícios e minimizar os altos e baixos emocionais.

Apesar de ser uma experiência comum, a maioria das pessoas não se dá conta de que, além de absorver energia positiva dos outros, nós podemos também absorver estresse e angústia. As crianças absorvem muito o estresse, a angústia dos pais e até mesmo o sofrimento deles. Se os pais não forem capazes de cuidar dos próprios problemas com responsabilidade, os filhos muitas vezes irão absorver essas emoções negativas. Essa tendência de sentir o estresse, a angústia e a dor dos outros continua até a idade adulta. Para combater isso, precisamos nos preocupar menos em agradar os outros, mas também temos de aprender a descarregar o estresse, a angústia e a dor não resolvidos em nosso passado.

> As crianças absorvem muito estresse, angústia
> dos pais e até mesmo o sofrimento deles.

Liberando o estresse e em seguida absorvendo mais energia positiva, você será menos afetado pelo estresse dos outros. É freqüente que uma das principais causas do câncer e de outras doenças sérias seja a absorção do estresse. Quando a medicina não pode resolver uma situação, em geral é porque o próprio poder de cura da pessoa está bloqueado pelo acúmulo de estresse e angústia ao longo dos anos. E a origem deste estresse, muitas vezes não é nem da própria pessoa.

Se não aprendermos a descarregar nosso estresse liberando o excesso de energia e depois repondo energia natural nova, nosso corpo provavelmente ficará doente. A grande maioria das doenças se complica com a falta da água para lavar e expelir as toxinas, mas também são afetadas pela nossa incapacidade de liberar o estresse e a angústia do passado. Aprendendo a descarregar, as pessoas ampliam a sua capacidade de cura.

**Depois que descarregamos, é bom reabastecer
e recarregar por alguns minutos.**

Quando finalmente aprendi a descarregar, foi como se tivessem tirado um enorme peso dos meus ombros. Finalmente consegui utilizar os muitos elementos naturais com mais eficiência para me livrar do estresse acumulado.

COMPREENDENDO OS FLUXOS NATURAIS DE ENERGIA

Quando somos uma pessoa generosa e amorosa, nos sentimos bem, mas isso também nos dá energia. Ao mesmo tempo, nos torna vulneráveis para captar mais estresse e angústia. Isso não é problema, se continuarmos a nos reabastecer com energia positiva e se conseguirmos mandar de volta para a natureza qualquer excesso de energia.

Quando ajudamos pessoas que estão estressadas ou angustiadas, também podemos receber um pouco do estresse e da angústia delas. Toda vez que você ajuda alguém, há sempre uma troca de energia. Vivendo um relacionamento solidário, você consegue atrair mais energia positiva. No entanto, se você tiver menos estresse do que o outro, absorverá uma parte do estresse e da angústia dessa outra pessoa também. Ela se sente melhor por interagir com você, o estresse sai dela e uma parte vai para você.

Além de obter energia positiva quando ajudamos os outros, também recebemos um pouco do estresse e da angústia deles.

Essa é uma troca simples, como a troca de calor e frio. Um quarto quente fica mais frio e um quarto frio fica mais quente quando abrimos a porta entre os dois. Todas as pessoas que conquistam a fama ou a notoriedade são afetadas dessa maneira. Quando uma cantora como Barbra Streisand encanta a sua platéia, os corações dos fãs começam a se abrir e eles liberam estresse. Uma parte desse estresse vai para Barbra.

Se ela não estiver preparada para isso, com apoio em sua vida para liberar esse excesso de estresse, ela começará a sofrer de problemas. Seus pequenos problemas ou estresses normais da vida subitamente parecerão maiores e mais insistentes. Essa teoria simples explica porque a fama é como o apontar de uma enorme lente de aumento para todos nossos defeitos e limitações.

Quando não conseguimos liberar regularmente o estresse que acumulamos, acabamos doentes ou exaustos. Nos dar aos outros alimenta nosso espírito, até que começamos a absorver tanto estresse, que ficamos bloqueados e não recebemos a energia de que precisamos. Para evitar essa exaustão temos de nos certificar de que estamos fazendo o que queremos fazer e nos conscientizar de que, quando o estresse se acumula, precisamos encontrar uma maneira de descarregá-lo.

Quando você está aborrecido, estressado ou angustiado, em geral está apenas com sobrecarga de energia. O processo de descarregar manda para fora o excesso de energia e fica mais fácil administrar seu aborrecimento. Quando fica difícil resolver os sentimentos negativos e nós simplesmente não conseguimos nos livrar deles, fica automaticamente mais fácil se liberamos o excesso de energia. Não tenha medo de perder energia. Você só está mandando para fora o excesso dela. Depois que você libera o excesso de energia, fica mais fácil voltar a se sentir tranqüilo, alegre, seguro e amoroso.

O processo de descarregar manda para fora o excesso de energia e fica mais fácil administrar seu aborrecimento.

Mesmo quando absorvemos muita energia positiva, ela pode ativar ou carregar pequenos problemas e torná-los maiores para nós. Você já notou que, em ocasiões especiais, quando existe sempre muita energia e amor, é comum você ficar aborrecido ou acabrunhado? Isso significa que você tem de descarregar esse estresse liberando um pouco do excesso de energia. Deixe a mãe natureza ajudá-lo tirando um pouco daquela energia que está sobrecarregando e perturbando você.

Normalmente, quando absorvemos muita energia, coletamos um pouco de estresse também. O estresse faz com que a pessoa se contraia. Por isso, quanto mais estresse absorvemos, menos energia podemos manobrar. Liberando o excesso de energia, podemos ficar mais centrados, e o resultado é que passamos a receber mais energia ainda quando recarregamos. Depois de descarregar é divertido e energizante recarregar alguns minutos e ver quanta energia positiva a mais podemos absorver.

Às vezes no início as pessoas não sentem o fluxo de energia quando usam a técnica de recarregar. Em alguns casos é porque estiveram muito abertas absorvendo estresse de forma tão receptiva, que, para se proteger das doenças elas se fecharam. Simplesmente não absorvem mais energia. Para que essas pessoas comecem a relaxar de novo e então se abasteçam com energia, devem começar liberando energia. Descarregando primeiro, elas podem se beneficiar com o recarregar.

> **Liberando primeiro o excesso de energia, algumas pessoas podem se reabastecer com mais energia.**

Não é possível recarregar demais. O ato de recarregar não produz energia em excesso. Quando você está "cheio", o processo se interrompe até você usar um pouco dessa energia. Ficamos com excesso de energia quando compartilhamos a nossa energia e depois mais energia volta para nós. Na realidade, quando você dá seu amor e apoio aos outros, mais energia volta para você. Quando você dá muito, termina com excesso de energia. Nesse ponto você precisa descarregar.

Isso ajuda a explicar por que tanta gente fica tão mal com doenças sérias como câncer. Muitas pessoas que estão seriamente doentes costumam ser pessoas bondosas, que dão demais e absorvem muito estresse e angústia dos outros. Eu já testemunhei diversas vezes uma recuperação acelerada em pacientes com câncer e com muitas outras doenças quando eles descarregaram o excesso de energia. O excesso de energia é claramente um dos principais causadores de dor crônica e de doenças. Até a fadiga crônica é resultado de excesso de energia. Isso pode parecer paradoxal, mas é fácil compreender. Nós nos sentimos energizados quando a nossa energia está fluindo. A fadiga é conseqüência da energia bloqueada. O excesso de energia acontece quando o fluxo de energia é bloqueado. Além de causar estresse, angústia, fadiga e dor, com excesso de energia o corpo perde sua capacidade de se curar. Em vez de curar naturalmente uma doença, o organismo fica cada vez mais fraco e acaba desenvolvendo doenças muito sérias.

Quando você manda a energia de volta para a natureza, é como dar um fertilizante para a natureza. O movimento da energia de você para um elemento natural transforma as vibrações do estresse. Entretanto, se você enviar energia demais para uma flor, por exemplo, ela pode começar a murchar por estar com excesso de energia. Lembre que você não está enviando estresse para um elemento natural, apenas o excesso de energia que o deixa mais estressado.

Estresse, angústia, fadiga e dor só acontecem quando sua energia está bloqueada por crenças ou atitudes negativas. Quando você relaxa e recupera sentimentos como compreensão, capacidade de perdoar, apreço e confiança, então o estresse desaparece. Estresse é como a escuridão. Você não pode mandá-la embora. A única coisa que pode fazer é acender a luz. Com compreensão, capacidade de perdoar e outros sentimentos positivos, nós automaticamente desfazemos a escuridão do estresse.

O estresse é como a escuridão. Não podemos mandá-la embora. A única coisa que podemos fazer é acender a luz.

Esse processo de acabar com a escuridão do estresse fica muito difícil quando estamos com excesso de energia. Mandando a energia para fora, podemos liberar com facilidade o estresse, a angústia, a resistência e a dor. Sem ter de enfrentar o excesso de energia, quando você absorve um pouco de estresse, pode transformá-lo facilmente em paz e relaxamento. Liberar o excesso de energia faz com que você processe ou administre facilmente o estresse, a angústia etc.

Se você está sofrendo porque o dia está muito quente, você toma uma chuveirada para refrescar. Então poderá enfrentar melhor o calor. Se você está aborrecido, pode respirar fundo algumas vezes, ficar mais calmo e mais centrado. Nos dois exemplos, tomar uma chuveirada ou respirar fundo algumas vezes são técnicas simples para descarregar. Da mesma forma, quando a vida fica muito estressante, se você liberar o excesso de energia ou a energia bloqueada, poderá relaxar e depois voltar e interagir a partir de uma perspectiva mais centrada.

Imagine que a energia pode ser explicada em termos de watts, com lâmpadas de tamanhos diferentes. Se você tem cem watts de energia tranqüila e absorve do mundo lá fora duzentos watts de energia estressante, então, obviamente passará a ressoar com a energia estressante e se sentirá estressado.

Contudo, se você tivesse duzentos watts de energia tranqüila e absorvesse duzentos watts de energia tranqüila, e só suportasse duzentos watts, então você ficaria realmente estressado. Coisas pequenas que normalmente não incomodam você passariam a ser grandes problemas. O excesso de energia é a principal causa das reações exageradas que temos.

Em cada um dos três exemplos acima, descarregar ajuda a diminuir o nível de energia para que você possa controlar facilmente seu estresse. Descarregar é a principal técnica para se administrar o estresse.

Descarregar é a principal técnica para se administrar o estresse.

Descarregar não é complicado. É apenas tornar mais eficiente a hora do seu recreio, reduzindo seus níveis de estresse e gerando felicidade. Espero que essa informação sirva de motivação para que você dedique mais tempo relaxando e curtindo a natureza. Com essa nova visão, o contato com a natureza não é um luxo restrito aos ricos, mas uma necessidade para se aumentar o sucesso, o amor duradouro e para se ter uma saúde vibrante.

Nunca use essa informação para ter medo do estresse ou dos níveis de estresse das outras pessoas. Assim como você pode absorver o estresse em poucos minutos, também pode liberá-lo em poucos minutos. Quanto mais sensível você for, mais atrairá o estresse. Mas isso não é problema porque, se consegue absorvê-lo com facilidade, também poderá descarregá-lo com mais facilidade. Acumular estresse só se transforma num problema quando você não descarrega.

Agora, da próxima vez que se sentir pressionado, sobrecarregado, estressado ou assoberbado, você irá reconhecer que absorveu energia demais e que é hora de descarregar. Não importa se a energia que você absorveu foi tranquila, de amor ou de estresse. Quando a energia é demais, você fica estressado.

O estresse dos outros só provoca estresse se for energia demais para você. Muitas vezes você consegue processar o estresse dos outros. Nessas horas, você está absorvendo estresse, mas está com energia positiva suficiente para transformá-lo. Nós ficamos estressados quando o estresse absorvido é maior do que a paz que temos. Por isso, não tenha medo do estresse, mas reconheça que você pode ficar estressado e até doente se não parar um pouco para descarregar.

COMO DESCARREGAR

Descarregar se aprende facilmente em três estágios. Por favor, não tenha pressa de passar para os estágios mais avançados. Dê-se pelo menos algumas semanas de prática para cada estágio. Esses são os três estágios:

ESTÁGIO 1

O procedimento para descarregar é muito similar ao de recarregar. Você repete sua intenção memorizada de recarregar (IM) cerca de dez vezes com as mãos na posição para cima para ativar as pontas dos dedos. Depois move as mãos para a posição para baixo na presença de algum elemento natural e repete a intenção memorizada de descarregar que você escolheu (IM).

Para criar a IM de descarregar, simplesmente acrescente uma outra frase à IM de recarregar que você costuma usar. Eis um exemplo:

Energia curativa,
preciso muito da sua ajuda.
Venha, por favor.
Leve embora meu excesso de energia.
Obrigado.

O simples fato de acrescentar "Leve embora o meu excesso de energia" provoca um efeito surpreendente. De repente o fluxo de energia muda e você sente a energia fluindo das pontas dos seus dedos para fora. Enquanto a energia flui, você pode acertar a posição das mãos. Talvez pondo as mãos mais relaxadas ao lado do corpo o fluxo aumente, ou então apontar os dedos para a fonte de energia natural pode funcionar melhor para você.

Depois de escolher a melhor intenção memorizada de descarregar, passe a usá-la sempre. Se usar toda vez exatamente as mesmas palavras, o processo ficará mais automático e mais eficiente.

Quando estiver automático você poderá ter e manter em sua mente uma idéia clara do que quer descarregar enquanto repete a IM. A consciência dos sentimentos ou reações negativas que você deseja descarregar torna o processo ainda mais poderoso. Você não precisa saber o que o incomoda, mas quanto mais consciência tiver do que quer descarregar, mais eficiente é o processo.

ESTÁGIO 2

Depois de aprender bem o estágio 1, você estará preparado para o estágio 2. Nesse estágio você faz um pedido mais preciso e, portanto, mais eficaz. Depois de invocar a energia natural, pare um pouco para reconhecer essa verdade simples, que você sabe que o elemento contém energia natural. Além disso, em vez de usar a frase "Leve embora o meu excesso de energia", seja mais específico e use uma frase como "Use esse fogo para queimar o meu excesso de energia".

No estágio 2, a IM de descarregar deve ser a seguinte:

Energia curativa,
eu preciso muito da sua ajuda.
Venha, por favor.
Eu sei que você está nesse fogo.
Use esse fogo para queimar meu excesso de energia.
Obrigado.

Fazendo essa pequena adaptação e tornando sua intenção mais específica, uma parte maior da sua mente, do seu coração e da sua intenção se envolve no processo de descarregar.

"Eu sei que você está nesse fogo" compromete mais a sua mente.

"Use esse fogo", associa a sua vontade ou intenção ao fogo.

"Queime meu excesso de energia", no lugar da frase genérica "Leve embora meu excesso de energia", torna o pedido mais poético e descritivo, e, portanto, envolve mais seu coração.

Esse dois reajustes no estágio 2 aperfeiçoam sua conexão e ressonância com a energia natural curativa do fogo. Um reajuste parecido pode ser feito quando você estiver lidando com qualquer outro elemento. Eis alguns exemplos:

Energia curativa,
eu preciso muito da sua ajuda.
Venha, por favor.
Eu sei que você está na água.
Use essa água para levar embora meu excesso de energia.
Obrigado.

Energia curativa,
preciso muito da sua ajuda.

Venha, por favor.
Eu sei que você está nessa terra.
Use essa terra para sugar meu excesso de energia.
Obrigado.

Energia curativa,
preciso muito da sua ajuda.
Venha, por favor.
Eu sei que você está nesse ar puro.
Use esse ar para levar embora meu excesso de energia.
Obrigado.

Energia curativa,
preciso muito da sua ajuda.
Venha, por favor.
Eu sei que você está nesse espaço.
Use esse espaço para absorver meu excesso de energia.
Obrigado.

Energia curativa,
preciso muito da sua ajuda.
Venha, por favor.
Eu sei que você está nessas lindas rosas.
Use essas rosas para levar embora meu excesso de energia.
Obrigado.

Energia curativa,
preciso muito da sua ajuda.
Venha, por favor.
Eu sei que você está nessa linda música.
Use essa música para dissolver meu excesso de energia.
Obrigado.

Energia curativa,
preciso muito da sua ajuda.
Venha, por favor.
Eu sei que você está nesse perfume refrescante de lavanda.

Use esse perfume de lavanda para absorver meu excesso de energia.
Obrigado.

Energia curativa,
preciso muito da sua ajuda.
Venha, por favor.
Eu sei que você está nessa sensação agradável.
Use essa massagem para absorver meu excesso de energia.
Obrigado.

Energia curativa,
preciso muito da sua ajuda.
Venha, por favor.
Eu sei que você está nessa comida deliciosa.
Use esse alimento para sugar meu excesso de energia.
Obrigado.

Energia curativa,
preciso muito da sua ajuda.
Venha, por favor.
Eu sei que você está nesse ouro.
Use esse ouro para neutralizar meu excesso de energia.
Obrigado.

Use qualquer uma das frases específicas acima para gerar o fluxo desejado de energia. Quando a energia estiver fluindo, você pode encurtar a IM. Por exemplo:

Energia curativa nesse fogo,
por favor queime meu excesso de energia.
Obrigado.

Este é um outro exemplo de IM abreviada:

Energia curativa,
use suas lindas rosas para levar embora meu excesso de energia.
Obrigado.

Como orientação geral, use a IM mais extensa pelo menos dez vezes antes de passar para a versão abreviada da IM. Se você começar a pensar em outras coisas e se distrair, ou se o fluxo de energia diminuir, volte para a IM completa.

COMO UTILIZAR OS CINCO ELEMENTOS

Quando quiser usar o elemento fogo, você pode se valer de uma lareira, dos raios do sol de manhã bem cedo ou do pôr-do-sol, ou simplesmente de uma vela. Mas lâmpadas não funcionam. Descarregar sob a lua cheia é uma das formas mais poderosas de abrir seu coração.

Para usar o elemento terra, você pode utilizar o solo, pedras grandes, cristais, árvores, jardins, grama e praticamente qualquer coisa que cresce na natureza. As flores costumam ser poderosas para descarregar doenças sérias ou angústia emocional. Ouro, diamantes e outras pedras preciosas são também elementos muito poderosos para descarregar.

Quando você for usar o elemento ar, é melhor usar o ar puro. Para aumentar sua capacidade de descarregar usando o ar, faça isso quando sair para dar uma caminhada ou enquanto estiver se exercitando. O ar estagnado não absorve muita energia, e é por isso que o ar puro é recomendado. Mesmo no inverno, é bom abrir as janelas por cinco ou dez minutos para refrescar a casa.

Ao usar o elemento espaço, você pode descarregar diante ou dentro de um espaço bem grande, diante de uma paisagem, um lugar sagrado, um lugar que tenha poder, uma fonte de água curativa, um teto abobadado bem alto, ou qualquer espaço que inspire você. A queima de um incenso agradável ou fumaça que permeiem o espaço também podem ser usados para descarregar.

Tudo que é curativo, inspirador, estimulante ou relaxante pode ser usado para descarregar. Alguns exemplos comuns são a sensação curativa da massagem, os diferentes perfumes curativos da aromaterapia, as diferentes ervas curativas e os remédios homeopáticos, música e dança agradável, e também comidas saborosas. Seja qual for o medicamento, tônico ou remédio que você tome, também pode usá-lo para descarregar, antes de tomá-lo.

Quanto mais você trabalhar com um elemento, mais conectado ficará com ele. Se passar um mês realmente concentrado num elemento específico, sua eficiência para descarregar aumentará. No princípio, teste os diversos elementos e veja qual deles funciona melhor para você. Depois concentre-se nele por pelo menos um mês. Então estará preparado para fazer a mesma coisa com os outros quatro elementos. Não existe uma ordem certa ou um período de tempo determinado que sirva para todo mundo.

Se você não sabe por onde começar, e se é do tipo de pessoa mais sensível, comece com a água. Se você é uma pessoa mais física, comece com a terra. Se for uma pessoa mais mental, comece com o ar. E, se você for intuitivo, escolha o fogo.

Se os seus bloqueios são a inveja, o julgamento dos outros, ou ressentimentos, trabalhe com o fogo. Se seus bloqueios são depressão, procrastinação, autopiedade, então trabalhe com a terra. Se seu bloqueio são a confusão, a indecisão e a ansiedade, trabalhe com o ar. Se seus bloqueios são indiferença, perfeccionismo ou culpa, trabalhe com a água.

Se você deseja ter mais paz, mais paciência e satisfação, trabalhe com fogo. Se quer mais alegria, otimismo e inspiração, trabalhe com a terra. Se deseja mais segurança, força e coragem, trabalhe com o ar. Se você quer mais amor, humildade e inocência, então trabalhe com a água.

Você pode usar o espaço para descarregar todos os bloqueios e gerar todos os sentimentos positivos. Com o espaço, essas freqüências curativas podem ser criadas, mas não são tão enraizadas como nos outros elementos e, por isso, não são tão eficazes para curar estresse e angústia. Mas o elemento espaço é o melhor para experiências espirituais ou para maiores conexões com seu potencial interior.

ESTÁGIO 3

Quando descarregar ficar fácil e automático, você pode acrescentar mais uma frase que descreva resumidamente aquilo que você deseja descarregar. Nos estágios 1 e 2, era importante ter uma idéia do que você queria descarregar. Neste estágio o seu pedido se torna mais preciso e você afirma exatamente o que quer descarregar.

Cada um dos três estágios acrescenta um pouco mais de precisão. Esse aprendizado tem de ser feito em estágios porque precisão demais torna o processo de descarregar racional demais, difícil e desconfortável. Só passe para esta fase quando o estágio 2 ficar fácil e confortável.

Neste estágio, acrescente uma frase simples que descreva resumidamente o que você quer descarregar. Por exemplo, "descarregue minha decepção", ou "descarregue minha raiva".

Quando você está estressado ou angustiado o que funciona melhor é descarregar as emoções sentidas. Se você sente claramente a emoção, é muito mais fácil descarregar.

Não funcionaria tão bem dizer "descarregue qualquer raiva que eu possa estar sentindo". O que funciona melhor é dizer "descarregue minha raiva". Enquanto pensar nessa frase, procure sentir sua raiva mais intensamente. Deixe que ela cresça enquanto você a descarrega e ela irá simplesmente desaparecer ou ficar mais fácil de liberar. Você poderia até dizer "descarregue a minha raiva dessa situação no trabalho". Seja preciso, mas mantenha sempre a simplicidade.

Uma forma bem antiquada de lidar com a raiva era iniciar uma guerra ou comprar uma briga. Expressando o excesso de energia que alimenta a raiva, fazemos com que ela vá embora, e depois fazemos as pazes. Guerras, brigas e gritos são apenas recursos antiquados para descarregar.

Isso explica por que adolescentes que brigam depois ficam amigos. Lutando, eles conseguem liberar o excesso de energia, e depois podem fazer as pazes.

Casais muitas vezes fazem as pazes depois de muita gritaria e discussão, não porque tenham resolvido algo, mas porque acabaram de gastar um excesso de energia brigando e depois esquecem o motivo da briga. Normalmente não conseguimos lembrar o motivo da discussão nem quando ainda estamos brigando. Uma vez que o excesso de energia é liberado, suas energias podem fluir livremente de novo e eles podem fazer sexo de forma apaixonada.

O problema de brigar para liberar o excesso de energia é que toda vez que tivermos um excesso de energia, teremos de brigar de novo, e assim acabaremos nos fechando e impedindo a energia de entrar. Aprender a descarregar nos ajuda a estabelecer formas curativas e harmoniosas para liberar o excesso de energia e parar de brigar.

A maioria dos hábitos compulsivos ou das reações que achamos difícil de modificar continua a acontecer porque temos energia em excesso e nenhuma outra forma de liberá-la. Fazemos coisas das quais nos arrependemos e mais tarde resolvemos não fazer mais. No entanto, fazemos de novo, de novo e de novo. Por quê? Porque essa atividade queima o nosso excesso de energia de alguma forma e nos dá um alívio temporário.

Fumar, beber, comer demais, consumir café, açúcar refinado e carboidratos industrializados, tudo isso provoca um alívio porque, de alguma maneira, queima a energia em excesso. Seriam ótimos para nós se também não estressassem nosso corpo de alguma forma. Essas substâncias não são más em si, mas se tornam prejudiciais quando usadas em excesso. Em geral, tudo que é usado com moderação é bom.

Para descarregar estresse, angústia, pressão e dor, é melhor estar sentindo isso com toda força na hora e, mais precisamente, sentindo as emoções associadas ao estresse, à angústia e assim por diante. As doze emoções curativas mais potentes para descarregar são raiva, tristeza, medo, arrependimento, frustração, decepção, preocupação, constrangimento, fúria, mágoa, pânico e vergonha.

Eis um exemplo de uma IM de descarregar no estágio 3:
Energia curativa,
preciso muito da sua ajuda.
Venha, por favor, *descarregar minha raiva.*
Eu sei que você está nesse fogo.
Use esse fogo para queimar meu excesso de energia.
Obrigado.

Utilizando a tabela de desbloqueio do capítulo 15, você pode determinar as emoções que precisa descarregar para remover melhor um dos seus bloqueios. Às vezes é difícil determinar qual emoção está por trás do seu estresse. Nesse caso, simplesmente use a lista e experimente cada uma até sentir que é aquela e que a energia começa a fluir. Nesse ponto você irá sentir essa emoção subjacente intensamente antes que ela diminua e desapareça.

Se você quiser ser mais preciso, pode trabalhar com certos elementos para descarregar certas emoções. O fogo descarrega melhor a raiva, a frustração e a fúria. A terra descarrega melhor a tristeza, as decepções e a mágoa. O ar descarrega melhor o medo, as preocupações e o pânico. A água descarrega melhor o arrependimento, o constrangimento e a vergonha. O espaço pode descarregar todas as emoções, mas não tão profundamente quanto os elementos mais densos como o fogo, a terra, o ar e a água.

Eu espero que essa técnica simples seja ensinada aos pacientes que procuram uma recuperação mais rápida das doenças. Com essa ferramenta simples, mas poderosa, qualquer pessoa pode dividir a responsabilidade da própria cura e não ficar só dependendo dos tratamentos dos médicos. A cura será mais rápida, e as pessoas também aprenderão como manter a saúde.

Com esse processo de descarregar nós automaticamente despertamos a capacidade que nosso organismo tem de se curar sozinho. Esse despertar acelera o período de recuperação na cura de qualquer doença. Mas não substitui a necessidade de ajuda externa.

Quando está doente, estressado, ou aflito, descarregar pode representar o alívio imediato que se procura. Até os negócios e o trabalho funcionam melhor quando nos habituamos a descarregar. Quando você se sente tranqüilo, relaxado e ao mesmo tempo entusiasmado e motivado, os outros cooperam naturalmente com você.

Finalizando, quando descarrega o excesso de energia, você consegue ser seu verdadeiro eu sem ter de se afligir com reações exageradas diante das restrições e as limitações que a vida impõe. Com essa liberdade de ser você mesmo, descobrirá um poder crescente de criar milagres práticos em sua vida.

13
A DIETA DA ENERGIA NATURAL

Para aprender como se fosse um principiante, abra seu coração e sua mente e permaneça sempre crescendo. Aprenda com os especialistas, mas não abdique do seu poder. Apesar de sua mente e seu coração estarem abertos como os de uma criança, lembre que você não é um principiante na vida. Ninguém além de você sabe o que é melhor para você, e só você pode saber isso no seu íntimo. Para crescer na vida, é essencial continuar a aprender com os outros e com as experiências deles, mas precisamos seguir sempre a nossa consciência.

Por outro lado, se pensamos que sabemos tudo e que não precisamos dos outros, estamos, sem querer, nos privando da capacidade de mudar. Se você não está conseguindo tornar realidade todos os seus sonhos, então é óbvio que precisa de ajuda. O tipo de ajuda é você quem escolhe. Não é vergonha nenhuma pedir ajuda. É por isso que estamos todos juntos aqui na Terra. Agora, mais do que em qualquer outro momento da história, há uma quantidade enorme de conhecimentos gerais e especializados à nossa disposição. Vá a qualquer livraria ou entre na Internet e terá acesso imediato aos maiores especialistas de todos os tempos.

Compreendendo os motivos que levam as pessoas a adoecerem, pode-se aprender a manter uma saúde vibrante, somada à força e a estabilidade para ter um sucesso cada vez maior e um amor duradouro. Com a compreensão clara de como você contribui para suas limitações, poderá começar a efetuar uma mudança positiva. O fato é que essa força e essa clareza só podem ser vivenciadas quando seu corpo está saudável ou caminhando para isso.

Quando você aprende a descarregar o seu estresse, fica fácil seguir a **dieta da energia natural**. Você se sente naturalmente em paz, energizado e mais centrado. Passa a enfrentar os desafios da vida com uma facilidade que nunca sonhou ser possível. Com essa base firme, poderá entrar em contato com seus verdadeiros desejos, arriscará mudanças e depois prosseguirá na direção do sucesso, animado pelo aumento da energia da sua paixão interior.

Para se beneficiar com a cura que nasce de recarregar e descarregar é essencial beber muita água. Essa é a base da dieta da energia natural. Se estamos aumentando nossa energia para ter mais sucesso, amor e saúde, inevitavelmente vamos atrair e absorver estresse e angústia. Se você usar um terno branco num acampamento, ele ficará sujo. Quando o seu coração está aberto para o mundo, mesmo estabelecendo fronteiras saudáveis, você absorve um pouco de estresse e angústia. Quando uma pessoa assume a liderança de um grupo, a própria presença dela anima as outras pessoas, e o resultado é que quem é líder absorve um pouco do estresse e da angústia dos seus seguidores.

Por esse motivo as pessoas influentes às vezes adoecem ou sofrem de mudanças tremendas de humor. Com consciência, esses problemas podem ser resolvidos descarregando regularmente esse acúmulo de estresse e de angústia. Quando ocorre essa purificação energética, a liberação do estresse deve acontecer no nível físico também.

Sempre que ocorre qualquer purificação nos níveis da alma, da mente e da emoção, as toxinas são liberadas automaticamente para o corpo e devem ser eliminadas. Se nós não bebermos mais água para limpar essas toxinas, as mudanças positivas que fazemos em nossa mente, em nosso coração e em nossa alma não podem se manter.

Para manter uma boa saúde, o organismo precisa de quase dois litros de água por dia. Mais especificamente, um corpo saudável precisa diariamente de 30 ml de água para cada quilo de peso. Por exemplo, se você pesa 65 quilos, precisará de 1,950 litro de água por dia, ou 8 copos de 250 ml de água. Se você bebe mais de 60 ml de água a cada vinte minutos, é bom acrescentar uma pitada de sal marinho à água. Outros líquidos não suprem essa necessidade. Mas, se você estiver purificando o estresse, a angústia, a resistência ou alguma doença, o organismo precisa do dobro de água, ou um mínimo de 4 litros de água por dia. Se você faz exercício e transpira, precisa de mais água ainda. Se bebe 4 litros de água por dia, sempre que possível misture um pouco de sal marinho. Água demais pode eliminar eletrólitos. Misture uma colher de chá de sal a quatro litros de água, ou simplesmente ponha uma pitada de sal marinho, se puder, em seu copo.

Em alguns casos de cura de doenças, se a pessoa não mantiver constante o consumo de 4 litros de água por dia, as toxinas liberadas podem intensificar temporariamente os sintomas. Mesmo para as pessoas que fazem uma dieta curativa, a não ser que bebam mais água para limpar as toxinas, a nova dieta saudável poderá parecer uma tortura. Quando a dieta termina, a compulsão retorna.

Pessoas que fazem dietas voltam a comer compulsivamente, porque não estão descarregando e bebendo mais água ao mesmo tempo.

Por esse motivo, depois que você começar a descarregar e a beber mais água para limpar as toxinas liberadas, poderá facilmente fazer algumas modificações importantes em sua dieta. A primeira mudança, e a mais importante, é aumentar o consumo de alimentos naturais e eliminar os industrializados e refinados da dieta. O alimento natural é o que não foi processado para ter uma validade maior na loja. Os alimentos perecíveis são sempre mais fáceis de digerir, e o seu organismo assimila melhor o valor nutricional deles.

O alimento cuja substituição é a mais importante, é o açúcar refinado. Isso não significa que você precise desistir das sobremesas para sempre. A idéia é, primeiro, acabar com seu vício de açúcar para sentir de novo sua fome natural. Depois você pode comer sobremesas com moderação, mas só se estiver com o seu peso saudável.

Quando você tem uma fome natural, não sente nenhum desejo artificial que leva ao vício de açúcar e nem de outros alimentos que não fazem bem ao seu organismo. Quando aprendi a substituir o açúcar por uma abundância de alimentos naturais, comecei a perder peso sem esforço algum numa média de meio quilo a cada dois ou três dias. Depois de perder quinze quilos em oito semanas, voltei ao peso normal e saudável. Agora me sinto leve, saudável e forte. Se você bebe quatro litros de água por dia e descarregar o excesso de energia sempre, fica fácil abdicar do açúcar refinado. Quando você recupera a saúde, pode voltar a beber dois litros de água por dia no mínimo. Tendo de volta sua sede natural, saberá quanta água deve beber a mais. Se você sentir um aumento do estresse ou da angústia, automaticamente terá necessidade de beber mais de dois litros de água por dia.

Quando você pára de ingerir açúcar refinado (mas pode comer quantas frutas quiser), seu corpo agradece na mesma hora e começa a se curar liberando as toxinas. Se você não beber bastante água para eliminar essas toxinas, seu corpo fica logo bloqueado e prejudicado por elas. Isso reduz sua energia e, de repente, você sente necessidade de ingerir a energia imediata que se obtém dos açúcares refinados. Bebendo quatro litros de água por dia, esse desejo de consumir açúcar é facilmente substituído pela vontade natural de comer frutas ou mel. Os adoçantes artificiais não são saudáveis e devem ser evitados como veneno de rato.

> **Para perder o excesso de peso e ser saudável, o principal alimento que devemos substituir é o açúcar refinado.**

A dieta da energia natural é simples. Coma mais alimentos bons e saudáveis. Nunca faça nenhuma dieta radical ou da moda. Coma o quanto quiser dos alimentos de que gosta. A variedade de alimentos é essencial para manter sua estrutura normal. Pesquisas demonstraram que, quando as pessoas que fazem dieta se privam de algum alimento, elas recuperam o peso perdido e até mais, e depois têm uma dificuldade maior ainda para perder. Isso acontece porque o corpo sente a privação como inanição e guarda a gordura disponível.

Crie uma grande variedade de pratos com muitas opções de cardápios. Algumas pessoas só precisam de uma ou duas refeições por dia, mas outras precisam de muitas refeições pequenas a intervalos menores durante o dia. O segredo da dieta da energia natural é comer sempre que sentir fome e a quantidade que quiser. Esse princípio funciona quando sua fome e sua sede naturais estiverem ativadas. Se você ainda estiver viciado em açúcar, será levado a consumir todos os alimentos que fazem mal ao seu organismo. Primeiro você precisa acionar sua sede e fome naturais, se não, comer o que quer será como vagar pelas ruas de Nova York com uma venda nos olhos.

Quando falo de alimentos "bons e saudáveis", estou me referindo a porções generosas de grãos, legumes, feijões, proteínas, batatas, verduras (cruas ou levemente cozidas), frutas frescas e frutas secas, nozes, azeites naturais, pães não refinados ou sem fermento e até alguns laticínios, se o seu organismo tolerá-los. Coma muita batata. Use a abundância desses alimentos para substituir os alimentos industrializados e refinados. Procure evitar comer uma quantidade muito grande de um único alimento ou grupo de alimentos. Consumindo uma grande variedade de alimentos, você irá descobrir que a sua fome natural terá o estímulo adequado.

Crie muitos pratos diferentes, com muitas opções de alimentos.

O que torna fácil seguir essa dieta é que você não precisa fazê-la o tempo todo para funcionar. Se você for razoavelmente saudável, pode obedecê-la 80% do tempo para usufruir de todos os seus benefícios. Não há vantagem nenhuma em se esforçar para atingir a perfeição. Quando você estiver saudável e com o seu peso saudável também, poderá comer alimentos menos saudáveis 20% do tempo. Sempre que puder escolher, coma comida saudável. Coma o que não é saudável só quando estiver com fome e não tiver nada melhor ao seu alcance. Se descobrir que está com muita vontade de comer numa lanchonete, evite esse tipo de alimento por algumas semanas e volte a beber quatro litros de água por dia. Por favor, não esqueça que, antes de começar qualquer programa novo de dieta, se você tiver alguma doença, deve consultar o médico que está familiarizado com as necessidades específicas do seu organismo.

Quando você estiver saudável e forte, 20% da sua dieta pode ser de alimentos não-saudáveis.

Sua fome natural só poderá ser despertada depois que você sentir sua sede natural. Esse é o passo mais importante. Apenas por um mês, coma o quanto quiser, mas evite todos os líquidos, menos a água, e certifique-se de beber pelo menos quatro litros por dia. Evite água muito gelada, pois ela exige um esforço maior do organismo. Água à temperatura ambiente ou chá de ervas são ideais. Evite suco de frutas também. Apesar de não conterem açúcar refinado, os sucos são concentrados demais e impedem a ativação da sua sede natural. Beber apenas água por um mês é a mudança dietética mais poderosa que você já fez, e é fácil. Em poucas semanas começará a sentir o que a maioria de nós já esqueceu: a sede verdadeira e natural. Com esse programa, sua fome natural irá se desenvolver e você sentirá vontade de comer alimentos saudáveis, em vez de açúcares refinados, pães e doces.

Depois de estabelecer essa base, é fácil retornar ao equilíbrio saudável. Se não tiver à sua disposição alimentos bons, saudáveis e naturais, coma o que estiver ao seu alcance, e lembre-se de beber pelo menos quatro litros de água por dia nos dois ou três dias seguintes. Para compensar o consumo de alimentos que não são saudáveis, certifique-se de comê-los assim que puder. Esse tipo de equilíbrio é a única coisa que você tem de manter para conseguir uma saúde vibrante. A regra básica é que sempre que você beber alguma coisa que não faça parte da dieta, inclusive cerveja, álcool, vinho, suco, café, ou qualquer outro estimulante que não seja de ervas, tome em seguida um copo de água para diluir.

A cafeína e o álcool, além de estimular demais seu organismo, também desidratam. O principal motivo das pessoas ficarem de ressaca é que ficam desidratadas. Bebendo um copo de água para cada bebida alcoólica que você consumir, seu organismo poderá processar com mais facilidade essa sua indulgência. Além disso, sempre que você se alimentar, pode beber água. Especialmente se estiver ingerindo comida de lanchonetes, tome sempre um copo de água com o lanche.

Lembre que, se você praticar exercícios vigorosos ou transpirar muito, seu corpo precisará de mais sal e mais água. Um corredor, por exemplo, precisa de pelo menos mais dois litros, além dos quatro, de água. Um dos motivos dos exercícios deixarem as pessoas mais saudáveis é que eles fazem com que elas respirem melhor e sintam vontade de beber mais água.

Aumentar o consumo de sal é parte importante da dieta da energia natural. Em toda a história, sempre se deu muito valor ao sal por suas propriedades curativas, e muitas vezes seu peso valia ouro, literalmente. Os médicos recentemente corrigiram suas conclusões erradas de que o sal não faz bem. O sal marinho é ainda mais saudável do que o sal iodado. Ponha quanto quiser em sua comida. Mas alguns problemas de saúde podem fazer com que você tenha de deixar de consumir sal, por isso consulte seu médico.

Substituir o açúcar refinado, além de beber mais água, é o aspecto vital dessa dieta. Quando o seu organismo digere o açúcar refinado para criar a súbita explosão de energia ou "o barato do açúcar", ele elimina minerais preciosos. Depois de remover as toxinas, recompor o nível de sais minerais em seu corpo é o próximo elemento importante para a cura. Se o corpo não tem os sais minerais necessários, não pode se curar nem sustentar mudanças positivas na mente, no coração e na alma.

Depois de remover as toxinas, recompor o nível de sais minerais do corpo é o próximo elemento importante para a cura.

Quase tudo que comemos, a não ser que seja cultivado organicamente, já vem com deficiência de sais minerais. Um dos principais benefícios dos produtos orgânicos é que o solo é tratado para aumentar o nível de sais minerais no alimento. O poder da energia curativa natural fica bloqueado quando se esgotam os sais minerais do organismo. Os minerais são essenciais para conduzir o fluxo natural de energia por todo o corpo e servem também como ferramentas importantes para recompor o corpo. Suplementos líquidos de minerais são encontrados em qualquer lugar e são muito úteis.

RECUPERANDO SUA SEDE E SUA FOME NATURAIS

Normalmente, são necessárias cerca de quatro semanas para recuperar a sede e a fome naturais do organismo. Para fazer isso, procure manter a dieta de energia natural 100% do tempo. As primeiras quatro semanas são o único período em que você terá de ser tão rígido. Faça isso apenas uma vez e perderá todo o excesso de peso ou a maior parte dele, e curará certos problemas que antes não conseguia resolver. O mais importante é que você ficará livre dos seus vícios alimentares.

Para iniciar essa mudança, certifique-se de estar cercado de alimentos realmente bons. Bebendo quatro litros de água por dia, você irá descobrir que a sua antiga necessidade de açúcar desaparece milagrosamente. Beba pelo menos quatro litros por dia, lembrando sempre que, quanto mais água beber, melhor. Substitua todos os líquidos por água e satisfaça sua necessidade de açúcar com frutas frescas ou secas.

Quando você começar a descarregar regularmente e a beber quatro litros de água por dia, essas modificações serão fáceis. No fim das quatro semanas, você vai querer continuar a dieta. Tudo bem, desde que não fique obcecado por ela. Tentar consumir alimentos saudáveis o tempo todo na verdade pode provocar mais estresse e angústia. Uma dieta 80% ideal é um bom objetivo que quase qualquer pessoa consegue atingir. Quando você estiver saudável e de volta ao seu peso ideal, não será mais necessário beber quatro litros de água por dia.

Durante essas quatro semanas você estará desintoxicando o seu corpo. As toxinas que surgem são as responsáveis pelos desejos não-naturais. Quando elas saem do seu corpo, você pode sentir vontade de consumir açúcar ou alimentos que não são saudáveis. Nessa hora, simplesmente beba um copo de água e depois descarregue com o ar ou com o fogo. Exercícios respiratórios ou uma caminhada vigorosa também podem ser muito úteis para queimar o estresse e a angústia que estão sendo liberados.

Quando você sentir o desejo de comer açúcar refinado, evite suco de frutas, mas coma frutas inteiras, nozes e tâmaras. Elas são substitutos ótimos para os viciados em doces. Em poucos dias você terá recuperado a sua sede natural. Então, desde que tenha comprado alimentos saudáveis suficientes, essa dieta não exigirá esforço algum. Algumas pessoas nunca sentiram a sede natural em toda a vida. Desde a infância, quando recebem a mamadeira de leite com açúcar elas se viciam. Se você sentir a sua sede e a sua fome naturais, subitamente os alimentos naturais e saudáveis ficarão incrivelmente deliciosos. Tudo que você come terá um gosto melhor.

14
A TÉCNICA DA REAÇÃO POSITIVA

Quando permitimos que a mágoa nos impeça de amar novamente, abdicamos do poder de nos curar ou de criar mudanças significativas na vida. Perdoar os erros dos outros e saber perdoar a nós mesmos são coisas essenciais para a cura e para que o amor possa fluir livremente outra vez. Assumir a responsabilidade por nossa própria cura e acabar com a dependência excessiva dos outros abre a porta para criar milagres práticos.

Lembrar que nosso companheiro ou companheira é diferente de nós ajuda a nos lembrar de não levar tanto as coisas para o lado pessoal. Com isso em mente, podemos aceitar as imperfeições em vez de ficarmos magoados com elas. Se praticamos o perdão, aprimoramos a comunicação e pedimos o que queremos, o amor pode durar a vida toda. Não basta apenas mudar nossa atitude – praticamente todo mundo precisa aprender alguma técnica nova de comunicação. O ideal é que, para tirar a certidão de casamento, os casais precisassem fazer cursos de comunicação e de criação de filhos.

Um dos modos mais fáceis de deixar de lado sua mágoa para poder amar livremente é assumir total responsabilidade pela sua realização. Quando a outra pessoa não atende às suas necessidades, em vez de se agarrar à frustração, concentre-se logo em outra coisa. Não fique pensando que o seu companheiro ou companheira é o problema. Procure outra necessidade dentro de você, que não tenha nada a ver com o seu companheiro. Mudando seu ponto focal e atendendo a outra necessidade, essa realização o ajudará a se concentrar em dar mais para o seu companheiro, em vez de ficar esperando que ele ou ela mude.

Utilizando a **técnica da reação positiva**, você se livra da tendência de ficar ressentido, ofendido ou na defensiva. Quando o seu companheiro ou companheira não satisfaz às suas expectativas, você aprende a liberar suas tendências reativas de rejeitar, se fechar e desconfiar, e, em vez disso, dará a você mesmo o que precisa para sentir-se melhor.

Para amar como se fosse a primeira vez, precisamos aprender a curar nossa mágoa. É essencial compreender que temos o poder de nos curar quando estamos magoados. No fim das contas, o que dói é esquecer que temos esse poder e por isso dependemos demais dos outros. Sim, eles vão nos decepcionar, rejeitar e trair, mas nós é que resolvemos perdoá-los e aprendemos a jamais esperar a perfeição deles.

Você só está se prejudicando quando depende demais da perfeição dos outros. É bom pedir o que queremos e terminar um relacionamento porque queremos mais do que ele oferece, mas continua sendo um erro guardar nossos sentimentos de raiva e mágoa e culpar nossos parceiros. Devemos reconhecer nossa dor, mas depois precisamos aprender com ela para não nos expormos a mais dor. Na verdade, ninguém provoca a mágoa em nós. São as nossas expectativas irreais ou nossas carências que nos magoam.

Devemos reconhecer nossa dor, mas também devemos nos responsabilizar por ela.

Para curar nossas mágoas, precisamos primeiro descartar a idéia ou crença de que nossos parceiros são responsáveis por nossos sentimentos. Sim, eles podem nos magoar ou nos fazer felizes, mas, no fim das contas, somos nós que ficamos felizes ou magoados. Nossas expectativas de perfeição nos deixam magoados e nosso desejo de dar mais nos faz sentir bem. É o ato de dar que nos deixa feliz. Ficamos felizes depois de receber, principalmente porque isso nos motiva a dar livremente.

Quando não podemos dar nada para os nossos parceiros e, em vez disso, nos sentimos magoados e temos pena de nós mesmos, precisamos reconhecer que nos tornamos dependentes demais. Temos de cuidar de uma das nossas outras carências e satisfazê-la fora do relacionamento. Em geral, quando ficamos magoados num relacionamento, a necessidade mais importante que estamos negligenciando é fazer o que gostamos de fazer e criar novas experiências. Para liberar nossa mágoa, temos de parar de choramingar e sair para fazer alguma coisa divertida sozinhos.

> **Liberte-se da sua autopiedade fazendo alguma coisa sozinho que o deixe feliz.**

Antes de curar sua mágoa, você precisa resolver a causa. A dependência excessiva dos outros – ou de alguém do sexo oposto – para ser feliz é quase sempre a causa. Faça alguma coisa que gostaria muito de fazer sozinho ou com um amigo ou amiga e logo será capaz de deixar sua mágoa para trás. Se a dor ainda persistir depois disso, a técnica da reação positiva vai ajudá-lo a acabar com ela em poucos minutos.

ESCREVENDO UMA CARTA DE REAÇÃO POSITIVA

Mesmo se tudo que você disser sobre o seu companheiro ou companheira, quando estiver desconfiado ou ressentido, for verdade, continua não sendo correto culpá-lo ou culpá-la por sua incapacidade de sentir e de reagir com amor. Sempre que você estiver aborrecido ou aborrecida com o seu companheiro ou companheira, fique algum tempo sozinho ou sozinha e responda para você mesmo o que ele ou ela poderia dizer ou fazer para você sentir-se melhor.

Escreva uma carta para você mesmo como se viesse do seu parceiro expressando exatamente isso e fazendo as promessas que você precisa ouvir e com as quais está contando. Se você conta com um pedido de desculpas, escreva isso. Depois se pergunte, se isso acontecesse, como você se sentiria? Então escreva sua reação, seus sentimentos positivos de perdão, compreensão e gratidão.

Abrindo seu coração dessa maneira, você terá acesso ao seu verdadeiro eu. A maioria de nós não consegue porque, enquanto crescíamos, o nosso verdadeiro eu não era alimentado. Os relacionamentos representam uma sensação muito boa porque, pelo menos por algum tempo, o amor e o apoio do nosso companheiro ou companheira desperta em nós a disposição de amar. Nosso verdadeiro eu aparece e é isso que nos faz feliz.

Em última análise, o nosso objetivo é estar sempre conectado com nosso verdadeiro eu, mas isso é muito raro e não é necessário para um relacionamento prosperar. O que é necessário é reconhecer quando estamos bloqueados para o amor e compreender que não é culpa do nosso parceiro ou parceira. Nunca é culpa do outro se não somos amorosos. Nosso parceiro pode nos fazer sentir raiva ou irritação, mas cabe a nós deixar de lado nossos sentimentos negativos e despertar outra vez para nosso verdadeiro eu.

CRIANDO MENTALMENTE UMA REAÇÃO POSITIVA

Outra versão da técnica de reação positiva é reescrever mentalmente o que o nosso parceiro ou parceira está dizendo. Não dependa de ele ou ela aprender a falar a sua língua. Em vez disso, aprenda a língua dele ou dela, e depois traduza.

Se o seu companheiro ou companheira ofende você com conselhos não solicitados, entenda que ele ou ela está na verdade apenas tentando ajudar. O que quer que ele ou ela esteja fazendo, de alguma forma é uma expressão de carinho e de amor. Em vez de rejeitar o amor e de exigir uma mudança, modifique seu modo de pensar e sua reação. Reconheça a tentativa e agradeça ao seu companheiro ou companheira por isso. Tudo que você tem de dizer é:
Obrigado por se preocupar.
Obrigado por pensar em mim.
Obrigado... isso faz sentido.
Obrigado... isso é interessante. Eu nunca tinha pensado nisso por esse ângulo.

Examinando por baixo da superfície e apreciando as intenções positivas do outro, além de sentir que somos mais amados, damos ao nosso companheiro ou companheira o apreço que ele ou ela merece e gosta de receber.

Em cada situação de crise, pense no que você gostaria que a pessoa dissesse ou fizesse. Então, usando sua imaginação, pense em como você se sentiria. Em contato com esses sentimentos, reaja com amor, compaixão, bondade, generosidade, leveza, humor, sinceridade, paciência ou humildade. Se você não for pretensioso e não fizer cobranças, será muito mais feliz.

As pessoas costumam pensar ou dizer: "Se ele (ou ela) fosse bom comigo, eu seria muito generosa."

Essa é uma limitação enorme. Não deixe que as limitações ou os problemas de outra pessoa impeçam você de ser a pessoa magnânima que realmente é. Quando as outras pessoas o atingem e provocam aquelas reações que não são as do seu verdadeiro eu, você tem de cuidar para não reagir imediatamente. Pense um pouco no que você queria e, depois de imaginar que recebeu o que precisava para ter uma reação amorosa e centrada, pense em como se sentiria. Essa reação centrada é a expressão do seu verdadeiro eu. Consciente do seu eu verdadeiro, você pode começar a pensar numa reação sensata.

Às vezes não queremos discutir o relacionamento porque supomos que temos de fazer o que o nosso parceiro sugere para ele ou ela ser feliz. Isso é um erro. As pessoas só continuam cobrando quando não recebem o que precisam. Em geral, se o seu parceiro ou parceira está oferecendo conselhos, então o que ele ou ela precisa é do seu apreço ou compreensão. Muitas vezes seu parceiro só deseja ser ouvido. Se você compreender que simplesmente ouvindo estará sendo amoroso e agradecendo o carinho, ele ou ela não se apegará tanto ao fato de você seguir o "bom conselho".

RECUSANDO AS CONVERSAS

Às vezes, recusamos o conselho ou o apoio do nosso parceiro ou parceira porque imaginamos erradamente que eles não confiam em nós, ou que não se preocupam conosco. Os homens em geral sentem que são alvo de desconfiança e as mulheres sentem que o homem não se preocupa com elas, já que não quer ouvir o que elas têm a dizer.

Freqüentemente os homens realmente não se importam com os detalhes do dia da mulher. O que interessa a ela simplesmente não interessa a ele. Não significa que ele não a ama. O que a Carol disse num chá de bebê ele acha entediante. Foi por isso que ele nem quis ir. Esse desinteresse não significa que ele não se preocupa com a parceira. Se ela estivesse em perigo, esse mesmo homem arriscaria a vida para salvá-la, porque ele se preocupa demais.

Desde que a mulher não cobre o interesse dele, esse homem carinhoso pode aprender a se preocupar mais com as pequenas coisas da vida dela. Além disso, ela pode dizer para ele o quanto aprecia sua atenção, apesar de ele não estar tão interessado assim. E mesmo não estando fascinado pelos detalhes, ele será útil para ela sendo um companheiro carinhoso com quem ela pode conversar. Uma compreensão mais profunda do que faz uma mulher feliz ajuda um homem a respeitar as necessidades básicas da companheira e possibilita que ele dê cada vez mais o que agrada a ela.

Do mesmo modo, se as mulheres aprenderem mais sobre os homens, elas poderão dar mais, e darão, o que o homem quer e gosta mais num relacionamento. Quando a mulher sente que ele não ouve o que ela diz, ela costuma ceder à tendência de dar ainda mais conselhos não solicitados, o que pode ser muito irritante. Em vez de reagir negativamente a esse conselho, ele pode simplesmente lembrar que não precisa fazer o que ela diz e saber que ela está dizendo aquilo porque o ama e se preocupa com ele.

O segredo do sucesso dos relacionamentos é não cobrar nenhuma mudança do parceiro. Não faz mal querer essa mudança ou pedir que o outro mude, mas faz mal exigir ou usar isso para justificar o sofrimento ou a mágoa. A filosofia mais verdadeira da vida é "seja fiel a você mesmo" e tudo o mais lhe será dado. Crie mudanças em si mesmo para se tornar a pessoa amorosa e positiva que realmente é, e terá de volta o amor e o apoio que deseja.

TRADUÇÃO MENTAL

Uma outra maneira de usar a técnica da reação positiva é traduzir mentalmente o que o seu companheiro ou companheira disser que ofenda você ou que não seja positivo. Reflita sobre o que foi dito e considere como você gostaria que ele ou ela comunicasse seu ponto de vista de modo mais positivo. Imagine que foi assim que aconteceu e explore qual seria a sua reação, depois reaja à situação de forma mais amorosa e centrada.

Você não pode impedir uma reação, mas pode controlar de que forma você reage a alguém. Em vez de agir com base em suas reações, primeiro questione essas reações, transforme as reações negativas com a técnica da reação positiva e resolva reagir com amor e compreensão. Assim você vai garantir que receberá mais amor em troca.

Praticando a técnica da reação positiva, você terá uma consciência maior do que quer e assim poderá pedir isso mais diretamente e com mais calma. Compreenderá também até que ponto seu amor é exigente e condicionado. Não levando tanto as coisas para o lado pessoal, pode se adequar melhor e aceitar os limites e as imperfeições dos outros com mais amor e capacidade de perdoar.

Se essa técnica da reação positiva não funcionar para você, isso será um sinal claro de que precisa demais do seu parceiro ou parceira. E terá de mudar de marcha, fazendo temporariamente alguma coisa que você possa controlar para se satisfazer. Pensando nisso, experimente a técnica de reação positiva de novo. Se ainda assim não funcionar, então vá em frente e use a técnica de desbloqueio do próximo capítulo.

15
A TÉCNICA DE DESBLOQUEIO

Quando entramos num relacionamento íntimo, nosso maior erro é ter expectativas e depois depender demais do amor do nosso parceiro. O segredo do amor duradouro é criar um relacionamento íntimo basicamente com o objetivo de dar, não de receber. O ideal, antes de casar, seria que aprendêssemos a ser auto-suficientes. Quando já temos uma vida gratificante e amamos a nós mesmos, não dependemos tanto do nosso parceiro. Se e quando recebemos o amor dele ou dela, passa a ser uma dádiva.

Em vez de esperar que nosso parceiro nos dê o amor de que precisamos, devemos cuidar mais de nós mesmos, do nosso trabalho, amigos, grupos, workshops e terapias. É um erro muito grande querer que nosso parceiro nos complete. Quando aprendemos a dar nosso amor livremente, sem nenhuma cobrança, nos surpreendemos de ver que o outro fica muito mais compreensivo.

Não podemos esperar que nosso parceiro fale a nossa língua. Se queremos ser ouvidos, precisamos aos poucos aprender a língua dele ou dela. Se queremos mais, precisamos primeiro desistir das nossas exigências de receber mais, e depois pedir o que queremos num tom e numa linguagem que o outro possa compreender. A leitura de *Homens são de Marte, mulheres são de Vênus* irá libertá-lo para poder interpretar corretamente as mensagens do seu companheiro. **Você aprenderá a dar como se já tivesse tudo de que precisa.**

Nossos bloqueios internos – ressentimento, depressão, ansiedade e indiferença – nos impedem de reconhecer nosso verdadeiro eu e todo o amor que existe em nosso coração. Quando abrimos nosso coração, recebemos muito mais energia natural e mantemos acesa a paixão, não só no romance, mas em todas as áreas da nossa vida.

Com o **processo de desbloqueio**, você poderá livrar-se dos doze bloqueios mais comuns. Ao aprender a identificá-los e a livrar-se deles, poderá descarregar o estresse e a angústia emocional com mais eficiência. Quando estiver aborrecido, sobrecarregado, nervoso, entediado, você terá uma ferramenta prática para retornar aos sentimentos de paz, felicidade, confiança e amor.

A técnica de desbloqueio é uma abordagem para lidar com sentimentos negativos que permite que você se cure sem infligir negatividade aos outros, nem oprimi-los com ela. Essa técnica o livra para ser 100% responsável pela resolução dos seus problemas íntimos. Independente de qual sentimento negativo ou desagradável tenha dentro dela, terá o poder de removê-lo. Essa técnica pode ser executada escrevendo num diário ou descarregando. Às vezes, quando descarregar não funciona, escrever os sentimentos explorados nessa técnica gera resultados milagrosos.

Em todos os meus livros, desenvolvi e ensinei os primeiros estágios e versões dessa técnica e chamei-a de técnica da carta de amor, técnica da liberação emocional, técnica da carta de perdão e técnica de se sentir melhor. Todas funcionavam e ainda funcionam. A técnica de desbloqueio é simplesmente uma versão mais precisa e aerodinâmica. Só que é um pouco mais complicada. Você deve começar usando simplesmente a técnica de se sentir melhor, que funcionou para mim durante quinze anos.

A técnica de se sentir melhor é tudo que a maioria das pessoas precisa fazer para que seus bloqueios comecem a desaparecer. Esse processo específico nos ajuda a livrar-nos da sensação de culpa, dirigindo nossa atenção de tal forma que nos facilite sentir e liberar nossas emoções subjacentes.

Quando ficamos presos em um sentimento ou estado, o simples fato de reconhecer e experimentar os sentimentos e as emoções mais profundas nos dá a força de que precisamos e assim nos livramos facilmente do bloqueio. Em vez de presos, nos libertamos para escolher nossa reação com base numa perspectiva amorosa e madura. Sempre que tivermos algum problema e quisermos nos sentir melhor, basta escrever e prestar atenção nos nossos sentimentos de raiva, tristeza, medo e arrependimento, e podemos nos sentir melhor outra vez. Vamos explorar primeiro a técnica de se sentir melhor.

ESCREVENDO UMA CARTA PARA SE SENTIR MELHOR

Para processar, curar e liberar os sentimentos negativos, em vez de partilhar esses sentimentos com a pessoa que nos aborreceu, devemos escrever uma carta. Finja que você está partilhando todos os seus sentimentos com a pessoa que o aborreceu e que ele ou ela está prestando atenção. Passe lentamente por cada nível da carta para se sentir melhor. Eis um formato útil que você pode copiar:

Querido(a)............,
Estou zangado [*frustrado ou aborrecido*] porque...
Estou triste [*decepcionado ou magoado*] porque...
Tenho medo [*estou preocupado ou assustado*] de que...
Sinto muito [*estou constrangido ou envergonhado*] por...
Eu compreendo [*perdôo, sei, confio e agradeço a você por*]...
Amo você,

Dizer "amo você" no fim da carta funciona como uma catarse poderosa. Se você não tem intimidade com a pessoa para quem você está escrevendo, então simplesmente termine a carta dizendo "um abraço".

Da próxima vez que você tiver um problema e quiser se sentir melhor, escreva uma carta. Às vezes, só precisamos de dez minutos para "esfriar", e outras vezes pode levar mais tempo. Quando você sente que precisa "ter uma conversa" com uma pessoa, ou quer dar "uma bronca", ou ensinar uma lição para ela, então é claro que você está olhando na direção errada. Além de tomar uma atitude agressiva, você também não irá se sentir melhor. Quando você se aborrecer com alguém, mesmo que seja seu companheiro ou companheira, não espere que ele ou ela reaja com simpatia à sua agressividade se ele ou ela se sentir dominado pela sensação de culpa. Escreva uma carta para se sentir melhor. Então, quando voltar a ser mais carinhoso e puder perdoar, se ainda for necessário, converse amigavelmente com seu parceiro, ou simplesmente comunique o que você gostaria que ele ou ela fizesse no futuro.

Às vezes, depois de escrever a carta para se sentir melhor, se você ainda não sentir que pode perdoar, pode compor também uma breve carta-resposta. Nessa carta, diga para você mesmo todas as coisas que gostaria que essa pessoa lhe dissesse. Depois de escrever o pedido de desculpas e de pôr no papel o que você precisa ouvir, você será capaz de perdoar.

O ideal seria que, quando os pais pedissem perdão pelos seus erros e reações exageradas, os filhos aprendessem a perdoá-los. Para uma criança, é fácil perdoar os pais. Se os pais não pedem perdão, os filhos assumem a culpa e além de não conseguirem perdoar aos outros, perdem a auto-estima. Escrever cartas para se sentir melhor nos ensina a perdoar mais livremente.

UTILIZANDO A TABELA DO DESBLOQUEIO

A técnica do desbloqueio se baseia numa tabela usada para navegar pelas águas turvas dos sentimentos. Muitas vezes ficamos presos na vida e não sabemos como prosseguir. Essa tabela ajuda a lançar alguma luz nas emoções que estamos negligenciando e que precisam ser sentidas, e nos sentimentos positivos que precisamos expressar.

Lembro que vinte anos atrás fiquei preso a noite inteira num aeroporto no Japão no inverno, e que o aeroporto era gelado. Estava a caminho das Filipinas para dar um seminário. O aeroporto abria e fechava para vôos. O nosso vôo era liberado e adiado e ficou assim a noite toda. E isso depois de uma longa viagem de doze horas. Eu estava cansado e não agüentava mais. Literalmente sentia vontade de matar alguém. Então aconteceu uma coisa que acabou com a minha angústia.

Recordo que fiquei aliviado diversas vezes quando alguém dizia no alto-falante: "Compreendemos que isso é uma inconveniência e estamos fazendo todo o possível para resolver. Obrigado por sua paciência." Toda vez que diziam "obrigado por sua paciência" eu sentia um alívio incrível. Só precisava que alguém me fizesse lembrar do que eu precisava sentir naquele momento. Eu devia estar praticando a minha paciência, mas, em vez disso, achava que tinha de ficar furioso com aquele tratamento.

Essa tabela de desbloqueio revela os doze bloqueios mais comuns e é útil para identificar as qualidades positivas que estão sendo bloqueadas. Muitas vezes as pessoas nem reconhecem seus bloqueios, até começarem a ver quais são as qualidades que estão faltando. Vamos analisar a tabela de desbloqueio e algumas formas de usá-la:

TABELA DE DESBLOQUEIO

BLOQUEIO	SENTIMENTO	EMOÇÃO	EU VERDADEIRO
1. ressentimento	privação	raiva	paz
2. depressão	abandono	tristeza	alegria
3. confusão	desespero	medo	confiança
4. indiferença	incompetência	remorso	amor
5. críticas	insatisfação	frustração	paciência
6. procrastinação	desânimo	decepção	otimismo
7. indecisão	impotência	preocupação	força
8. perfeccionismo	humilhação	constrangimento	humildade
9. inveja	insulto	fúria	realização
10. autopiedade	traição	mágoa	inspiração
11. ansiedade	desamparo	medo	coragem
12. culpa	desprezo	vergonha	inocência

Esses são os quatro passos que usamos nessa tabela:

1. Se você quer sentir mais uma qualidade do eu verdadeiro, identifique o bloqueio que a impede de se manifestar. Por exemplo, se você não sente paz, seu bloqueio é ressentimento. Se você não sente alegria, seu bloqueio é depressão, e assim por diante.

2. Para superar esse bloqueio, escreva uma carta para se sentir melhor usando os sentimentos e as emoções ligadas ao seu bloqueio, inclusive os três níveis seguintes da tabela. Por exemplo, se o seu bloqueio é ressentimento, explore os seguintes sentimentos:
   • privação e raiva
   • abandono e tristeza
   • desespero e medo
   • incompetência e remorso
3. Explorando e expressando suas carências, necessidades ou desejos, você começará imediatamente a desfazer o bloqueio. Concentre-se mais em como você quer ser ou no que quer sentir, e não em como deseja que os outros mudem.
4. Você irá se sentir melhor explorando e expressando sentimentos positivos como compreensão, apreço, confiança e capacidade de perdoar.

O que faz essa tabela funcionar é a idéia básica de que, quando uma pessoa tem mais consciência do que está sentindo por dentro, sempre se sentirá melhor. Esse não é um mero conceito. Conforme você for usando essa tabela, ela se tornará muito prática.

Se você estiver bloqueado por sentimentos negativos, procure esses sentimentos na tabela. Para remover seu bloqueio associado a esses sentimentos, use a técnica de desbloqueio e escreva os seus sentimentos ou descarregue-os diretamente.

Tudo isso é rapidamente determinado por uma olhada na tabela. Para cada um dos doze bloqueios há um caminho diferente para você se livrar dos problemas que podem ser novos ou que podem ter bloqueado toda a sua vida. Cada um desses bloqueios é explorado com mais detalhes nos capítulos 16 e 17 do meu livro *Como obter o que você quer e apreciar o que tem*.

16
A TÉCNICA DE RETIFICAÇÃO DA ATITUDE

Quando trabalhamos basicamente pelo dinheiro, é mais difícil sentir nossas verdadeiras necessidades ou apreciar o que temos agora. Se já estamos felizes, não sentimos nenhuma necessidade urgente de dinheiro para ser feliz. A verdade é que sempre temos exatamente o que precisamos para dar o próximo passo na jornada da nossa vida.

Com uma consciência mais clara do que realmente precisamos, é mais fácil manter o equilíbrio e não se deixar levar pelas tentações de maior sucesso. Nós aprendemos que, priorizando o que é realmente importante, podemos ter bastante dinheiro e ao mesmo tempo ser feliz, saudável e amar.

Se sofremos ou ficamos estressados, é porque não estamos reconhecendo que no momento presente sempre temos tudo de que precisamos para ser feliz. Sem uma consciência clara das nossas diversas necessidades e de como satisfazer cada uma, não conseguimos apreciar ou nos beneficiar com o que temos no momento presente. Quando você não depende tanto do dinheiro para ser feliz, fica livre para criar o que quiser, inclusive mais dinheiro. É isso que significa trabalhar como se o dinheiro não tivesse importância.

Descubra seu poder de criar resultados milagrosos e literalmente planeje seu destino diariamente com a **técnica de retificação da atitude**. Apesar de você nem sempre poder controlar os acontecimentos, pode controlar sua atitude e seus sentimentos em relação a eles. Aprendendo a gerar uma atitude positiva no seu dia, você se transformará num ímã e atrairá o sucesso que planejou. Aumentando sua concentração no aprimoramento da qualidade da sua experiência diária, além de ficar conectado com seu verdadeiro eu, receberá também recompensas maiores no mundo que o cerca.

Depois de passar alguns minutos recarregando ou descarregando, use alguns minutos para organizar seu dia. Pense nas coisas que você espera que aconteçam. Se não tiver muitas expectativas, apenas reflita sobre como quer que seu dia seja. Se tiver expectativas, pense nelas e depois reflita sobre como quer que seja o seu dia.

Esse planejamento precisa ser feito dentro de limites bem realistas. Às vezes é bom pensar livremente em todas as coisas que você quer que aconteçam, mas essa técnica não é isso. Para planejar de coração, comece por sua cabeça. Pense no que é sensato esperar. Seja bem racional.

Depois, imagine as coisas acontecendo um pouco melhor – não muito melhor, apenas um pouco melhor, para continuar sendo razoável. Essa retificação é o passo inicial da sua mudança de atitude. Não vá longe demais se não for razoável. Agora você está imaginando um dia bom ou melhor.

Em seguida, dê um salto e, baseado em suas experiências mais positivas do passado, imagine o melhor de tudo acontecendo. Dentro dos limites da sensatez, imagine que terá um dia maravilhoso, ou que pelo menos se sentirá muito bem, apesar de as coisas não serem perfeitas. Se alguém sempre irrita você e não consegue imaginar essa pessoa mudando, então imagine que você é capaz de ficar perto dela sem sentir irritação nenhuma.

Enquanto você imagina que o melhor está acontecendo, imagine também como você se sente.

A exploração desses sentimentos positivos vai ajudá-lo a voltar para o seu eu verdadeiro e positivo. Use estas frases para atrair esses sentimentos positivos:

Agora estou feliz porque...
Agora estou confiante porque...
Agora sou muito grato por...

Em seguida, volte ao tempo presente e agradeça suas inúmeras bênçãos. Praticando essa técnica por alguns minutos, você ficará revigorado e pronto para criar o melhor dia possível. Nem sempre podemos determinar o que os outros dizem ou fazem, mas podemos determinar nossa atitude. Retificando sua atitude em alguns minutos, uma porta se abre para que o dia seja diferente. Quando nós mudamos, o mundo muda também. Você vai ver que, quando imaginar sentimentos mais positivos durante o dia, mais coisas positivas vão começar a acontecer.

Essa técnica é explorada com mais detalhes em meu livro *Como obter o que você quer e apreciar o que tem*, e se chama "ajustando sua intenção". Essas instruções dão todas as orientações para você começar.

17
A TÉCNICA DA RESPIRAÇÃO CONSCIENTE

Ninguém tem uma vida perfeita, sem problemas. Para relaxar completamente, você deve aceitar a sua vida e seus desafios exclusivos. Transforme o limão numa limonada, ou ignore o limão e tome um suco de laranja. Melhor ainda, beba um copo de água pura. A partir dessa aceitação, continue a desejar mais, com paixão.

Para obter o que você quer, primeiro dê valor ao que você tem. Só conseguimos reconhecer as infinitas possibilidades existentes para criar mudanças positivas e significativas quando estamos relaxados e abertos. Com essa visão das possibilidades positivas, podemos apreciar nossos verdadeiros desejos e não nos deixar levar para os desvios das tendências e compulsões que acabam nos viciando. Sempre que agimos com medo e preocupação, deixamos de ver o quadro inteiro. Quando você se sente ansioso, preocupado, com medo ou indefeso, é sempre melhor adiar qualquer decisão importante. Quando nos sentimos assim num relacionamento, precisamos adiar a discussão e depois mudar de marcha para fazer alguma coisa que não provoque medo.

Podemos respirar tranqüilamente quando reconhecemos que já temos o que precisamos. Combinando algumas **técnicas de respiração intencional** bem fáceis com a técnica de descarregar, você pode se ligar imediatamente com a conexão mente-corpo que é essencial para a saúde, para o melhor desempenho atlético, para a resistência, para o apetite sexual e para a perda de peso sem esforço, além de melhor desempenho no trabalho e mais vigor. **Você vai conseguir relaxar como se tudo fosse ficar bem.**

Essa técnica foi descrita no capítulo 11 como preparação para recarregar. Trata-se simplesmente de respirar um pouco mais fundo do que de costume, reagindo à sua intenção e vontade. Pensando "para dentro" e depois "para fora", a conexão entre sua vontade consciente e o seu corpo fica mais forte.

Sempre que seu corpo não cooperar com sua intenção, essa técnica operará maravilhas. Por exemplo, quando o seu corpo não queima a gordura indesejada, simplesmente use essa técnica. Em geral, recomenda-se exercícios para perder peso. Quando o exercício é eficiente, um dos motivos de ele funcionar é que você é forçado a impor a sua vontade à resistência do seu corpo aos exercícios.

Essa é a maneira antiga de perder peso. É como dizer que você tem de se forçar a fazer alguma coisa que não quer para perder peso. Não admira que tanta gente obesa pare de freqüentar a academia. Em vez de se esforçar tanto, se a pessoa fizer a respiração intencional por dez ou vinte minutos todos os dias (ou até três vezes por semana), obterá muitos dos resultados saudáveis que a prática de exercícios traz.

Depois de perder o peso em excesso e quando você estiver em harmonia e conectado com seu corpo, você quererá naturalmente praticar exercícios. **O exercício é um luxo das pessoas em forma e não é a melhor maneira de perder peso.** Até você atingir o peso desejado, não faça exercícios, a não ser que queira. Em vez disso, use sua respiração para se conectar com o seu corpo e gerar uma saúde melhor.

Existem duas formas de praticar essa técnica. Comece a praticar sentado para ficar mais fácil. Quando aprender todos os passos, saia para dar uma caminhada e pratique andando. Nesse caso, você irá descobrir que a caminhada facilita muito a respiração intencional. Andando, o corpo obedece naturalmente à sua vontade e respira para dentro e para fora mais profundamente do que o normal.

O segredo da respiração intencional é certificar-se de que você não está exigindo demais de si mesmo. Enquanto estiver caminhando, mantenha um ritmo que não o deixe sem ar, para não ter de ofegar ou respirar pela boca. Se você estiver congestionado e não puder respirar pelo nariz, então sinta aquele ponto em que teria de respirar pela boca se não estivesse congestionado.

Pessoas que estão doentes ou se recuperando conseguem usufruir de muitos benefícios desse exercício usando essa técnica sentadas ou saindo para uma breve caminhada. Para os convalescentes, é mais fácil fazer isso em grupo, ou sozinho com a ajuda de um enfermeiro. Isso significa apenas não fazer sozinho, ter outra pessoa fazendo também no mesmo quarto. Quando são mais pessoas fazendo juntas em sincronia fica muito mais fácil.

Se o esforço é muito grande e você tem de respirar pela boca, o seu corpo está produzindo ácido láctico. Em vez de ajudar seu corpo, você está gerando toxinas. Mantendo-se nesse limite e respirando pelo nariz, você recupera a capacidade que o corpo tem de se curar sozinho e desperta também a capacidade de queimar gorduras sem a necessidade de ficar exausto. Você pode soltar o ar pelo nariz ou pela boca. Não há mais necessidade de se forçar a praticar exercícios, depois acabar desistindo e ficar com sentimento de culpa. Desista da culpa e dê um suspiro de alívio.

18
A CURA COM A ENERGIA NATURAL

A primeira exigência para a cura e o sucesso é aprender a sentir a energia natural. Quando você pede mais dessa energia, o poder que resulta é a sua garantia de estar sendo ouvido. Você não pode ver o vento, mas sabe que ele existe, porque pode senti-lo e compreende a influência dele. O mesmo acontece com a energia natural. Você não pode vê-la, mas pode saber que ela o ouve porque atende imediatamente aos seus pedidos.

Para aqueles que buscam conhecer Deus ou uma realidade espiritual, recarregar, descarregar e a cura através da energia natural confirmam que existe um Deus. Quando você sente a energia de Deus fluindo para você atendendo ao seu pedido, então Deus e o apoio que Deus dá deixam de ser conceitos a serem debatidos e questionados, e passam a ser uma experiência pessoal. A prova está em pôr em prática. Quando você sente que a energia de Deus responde imediatamente aos seus pedidos, você sabe que Deus está ao seu lado. **Então poderá conversar com Deus como se Ele estivesse ouvindo.**

Praticando a **cura da energia natural** você aprenderá a curar os outros e a receber a cura deles. Experimentará novos níveis de confiança e segurança em seu poder milagroso. Curando os outros, você tem a rara oportunidade de saber com clareza que a energia natural ou o magnífico poder de Deus está operando através de você. Você pode usar essa energia ampliada para criar milagres em seu trabalho e nos seus relacionamentos.

Não precisamos ser especialistas em cura para ter essa experiência de poder. Mediante a prática simples com amigos e familiares esse poder pode crescer. Muitas pessoas simplesmente se oferecem como voluntários na igreja do bairro, no grupo de apoio ou no hospital, para efetuar curas ocasionais. Muitos terapeutas massagistas, quiropráticos, acupunturistas, médicos, enfermeiros, dentistas e auxiliares de medicina acrescentaram a cura através da energia natural ao seu arsenal de ferramentas poderosas para ajudar a curar seus clientes e pacientes.

ESTÁGIO 1: ativação

A técnica da cura pela energia natural será descrita e comentada em detalhes num livro futuro intitulado *The Search for Healing Power* (A busca do poder de cura). O primeiro estágio desse processo simples de cura pode ser posto em prática facilmente depois que você sentir a energia no recarregar e descarregar. Neste estágio, você ativará o poder de cura que há em seu cliente. Você estará simplesmente acionando o motor do carro deles, recarregando as baterias de autocura.

Quando estiver curando alguém, erga suas mãos para o ar e diga dez vezes, em voz alta ou mentalmente, a sua intenção memorizada de recarregar (TM). Quando sentir a energia fluindo, apenas peça à energia natural de cura para usá-lo na cura daquela pessoa.

Primeiro ative as pontas dos seus dedos repetindo dez vezes sua IM básica de recarregar. Quando sentir a energia fluindo, diga:

Energia curativa,
preciso muito de sua ajuda.
Venha, por favor.
Use-me para curar essa pessoa.
Desperte nessa pessoa o seu poder de cura.
Obrigado.

Minha posição preferida é ficar atrás da pessoa que será curada, enquanto ela fica sentada confortavelmente numa cadeira. Depois que eu digo essa IM em voz alta, com facilidade e sem esforço continuo a repetir mentalmente e movo as pontas dos dedos bem devagar para encostar na testa da pessoa. É um movimento simples.

Imagine uma linha que sai do nariz e que atravessa a testa. De trás da pessoa eu faço uma leve pressão com as pontas dos dez dedos nessa linha. Esse ponto costuma ser muito receptivo para a energia curativa.

Enquanto você repete mentalmente a sua IM curativa, peça à pessoa que está recebendo a cura para respirar bem fundo dez vezes. Quando ela fizer isso, você sentirá que o fluxo de energia aumenta. Você pode então aumentar ainda mais o fluxo respirando fundo também. Faça o que quiser para aumentar o fluxo.

Se essa pessoa costuma conversar com Deus, peça para ela rezar em voz alta para você poder ouvir também. Às vezes, quando a pessoa traduz em palavras o que está sentindo e querendo, o fluxo de energia aumenta. Se a pessoa não se sentir à vontade falando com Deus, então peça para ela simplesmente expressar em voz alta seus sentimentos, carências, necessidades, intenções e desejos. Você pode pedir para ela usar as frases abaixo para despertar seus sentimentos:

Essa doença faz com que me sinta...
Agora eu quero...
Agora, na minha vida, eu realmente preciso muito...
Se eu tivesse saúde eu...
Eu desejo...

Expressando para Deus esses sentimentos diferentes numa oração, ou simplesmente partilhando com você enquanto você continua a repetir mentalmente a sua IM, a pessoa na verdade estará se abrindo para receber mais energia curativa. Quando você notar que há mais energia fluindo, diga para ela. Essa é uma informação importante para a pessoa saber quais são as atitudes de vulnerabilidade que abrem a porta para a entrada de mais energia curativa.

Utilizando essa técnica, comecei a sentir só um pouco de energia, mas depois de algumas semanas ela começou a aumentar. Em vez de sentir apenas uma paz relaxante, que é uma boa dádiva para oferecer para alguém, as pessoas passaram a sentir a energia curativa, e, às vezes, os sintomas delas melhoravam ou até desapareciam em uma sessão. Nos primeiros três ou quatro minutos de uma sessão, não se deve esperar a transmissão da energia. Em vez disso, espere sentir um formigamento de energia nas pontas dos dedos e um despertar ou formigamento de energia no cliente.

ESTÁGIO 2: descarregando uma doença

Depois desse "despertar" ou "ativação" da energia curativa, o estágio seguinte da cura é descarregar essa pessoa. Você não deve tentar fazer isso antes de aprender a descarregar. Para tanto, use essa IM de descarregar:

Energia curativa,
preciso muito da sua ajuda.
Venha, por favor.
Use-me para descarregar essa pessoa.
Use essas mãos para tirar o excesso de energia dela.
Obrigado.

Quando estiver descarregando alguém, ponha os dedos da sua mão esquerda na testa da pessoa, e os dedos da sua mão direita confortavelmente na nuca da pessoa. Não há uma posição exata. Você pode também pôr as duas mãos perto ou encobrindo uma parte ferida ou doente do corpo.

ESTÁGIO 3: recarregando depois de descarregar

Quando o excesso de energia que estava preso é retirado, a pessoa está pronta para receber um fluxo novo de energia natural ou divina através das suas mãos. Essa transmissão de energia recarrega o corpo, a mente, o coração e o espírito com energia curativa.

Para recarregar seu cliente ou paciente, use essa IM de recarregar:

Energia curativa,
preciso muito da sua ajuda.
Obrigado por vir.
Use-me para recarregar essa pessoa.
Agora, através das minhas mãos, envie sua energia curativa.
Obrigado.

Há muito mais técnicas de cura avançadas, mas esses três níveis são um começo importante. Cuide bem para que, quando você curar, isso não parta de um sentido de obrigação, e sim de uma atitude de alegria ou de prazer. Se você se sentir de alguma forma sobrecarregado pela responsabilidade, não irá funcionar. Para efetuar essa técnica de energia natural, você não precisa de mais de dez minutos. Use cerca de um minuto para ativar as pontas dos dedos e cerca de três minutos para cada um dos três estágios. Você pode fazer isso como um presente todos os dias para alguém, ou uma vez por semana. Seguindo essas orientações, você poderá iniciar uma das jornadas mais gratificantes que já vivi.

Depois de curar uma pessoa, fique sempre quinze minutos descarregando o excesso de energia que você pode ter absorvido, e depois recarregue. Dez minutos descarregando e cinco para recarregar em geral são suficientes. Nunca tenha medo de absorver a doença de alguém. Se você pode receber, pode facilmente se desfazer dela. A tendência de absorver uma doença é mínima, especialmente porque você não está absorvendo a doença em si, e sim o excesso de energia. Depois de descarregar a pessoa, você envia a energia de volta para ela para recarregá-la. Enquanto você sentir a energia formigando nas pontas dos seus dedos, o movimento da energia do paciente ou cliente está se autopurificando.

É também importante observar que você não tem a intenção de absorver o excesso de energia da pessoa em seu corpo. Enquanto descarrega, sinta simplesmente a energia fluir para as pontas dos seus dedos e depois sair para o espaço em volta de você. Não queira sugá-la para o seu corpo. Lembre que você está pedindo para a "energia curativa" fazer o trabalho. Você não precisa fazer nada, a não ser querer e deixar que a "energia curativa" cumpra a tarefa.

Autocura

Para você se curar diretamente, use a ajuda de elementos naturais diferentes. Eis alguns exemplos:

Estágio 1 de autocura: ativação

Energia curativa,
preciso muito de sua ajuda.
Venha, por favor.
Use essa rosa para me curar.
Desperte em mim seu poder curativo.
Obrigado.

Estágio 2 de autocura: descarregando uma doença

Energia curativa,
preciso muito de sua ajuda.
Venha, por favor.
Use essa rosa para descarregar minha doença.
Use essa rosa para tirar meu excesso de energia.
Obrigado.

Estágio 3 de autocura: recarregando

Energia curativa,
preciso muito de sua ajuda.

Obrigado por vir.
Use essa rosa para me recarregar.
Agora, através dessa rosa, envie-me sua energia curativa.
Obrigado.

Assim você pode usar qualquer um dos elementos naturais como ajuda na autocura de qualquer bloqueio emocional, dor ou doença física.

19
A TÉCNICA DO "E SE..."

Para usar seu poder de criar milagres, é muito importante que você se dê permissão para querer mais e aproveitar. Dê-se permissão de explorar todas as suas carências. Você deve se banquetear como se tivesse possibilidades ilimitadas. Assuma riscos, faça o que quiser e depois veja se é isso que realmente quer. Não confie em mim e em mais ninguém. Descubra por você mesmo o que é verdadeiro e certo para você.

Isso é vivenciado de forma mais concreta com a prática da dieta da energia natural. Fazendo algumas mudanças significativas, você estará livre para sentir seus verdadeiros desejos pelos alimentos que são mais saudáveis para você. E, assim, sem sentir de jeito nenhum que você está se privando de alguma coisa, uma porta se abre e você começa a sentir que há uma abundância de alimentos deliciosos para se comer.

Todo momento está sempre nos oferecendo milhões de oportunidades de conseguir o que queremos. Liberando nossa fixação e vício por alimentos que não são saudáveis, nós literalmente nos deliciamos e queremos mais alimentos saudáveis. Isso é verdade em todas as áreas da vida. Em vez de ficar à mercê da cegueira das possibilidades limitadas, com um pouco de prática podemos começar a abrir os olhos para as possibilidades ilimitadas que existem para nós.

Praticando o **exercício do "e se..."**, você verá quem você é sem todas as limitações imaginárias que impomos a nós mesmos. Explorando simplesmente suas reações com uma série de perguntas "e se...", você fica mais livre para encontrar seu verdadeiro eu. Com um pouco de prática, verá que em todas as áreas da sua vida existem possibilidades ilimitadas para se levar uma vida feliz, saudável, rica e gratificante.

Quando você puser em prática cada um desses nove princípios importantes e experimentar essas novas ferramentas de energia natural e as técnicas de autocura, na mesma hora sentirá seu poder de moldar a vida que você deseja. Não é necessário dominar o uso de qualquer uma dessas ferramentas para ver resultados imediatos. Mas, quando você aprender a recarregar e descarregar, todas as portas vão começar a se abrir automaticamente.

Quando o trabalho, a vida ou seu parceiro o incomodarem, em vez de ficar aborrecido, você pode aprender a modificar esse estado simplesmente usando a técnica do "e se...".

Uma maneira de fazer isso é se perguntar: "E se eles me pedissem desculpas, ou dissessem algo realmente gentil para mim, ou compensassem de alguma maneira? Como é que eu me sentiria então?" Explorando essa possibilidade, você volta a sentir uma reação verdadeira, do fundo do coração. Sempre que você se sentir bem ou disposto a perdoar, estará em contato com seu verdadeiro eu.

Em vez de ficar limitado pelos atos dos outros ou pelas circunstâncias do seu passado, se você perguntar "E se...?" e depois imaginar como se sentiria se a situação fosse mais positiva, você pode imediatamente se conectar com seu verdadeiro eu. Fazendo essa mudança por dentro, você estará mais aberto e flexível, e, então, o mundo à sua volta também ficará mais aberto e o aceitará melhor.

Muita gente reclama que não recebeu o apoio que precisava na infância. Em vez de continuarmos vítimas do passado, podemos modificar a influência da nossa história pessoal para que sirva de apoio, e não de restrição à nossa vida. Para nos livrarmos dos aspectos restritivos do passado, temos primeiro de compreender de que forma o passado pode nos apoiar. Uma experiência negativa não pode ser removida diretamente, mas ela pode ser substituída por outra, positiva.

Se fomos amados na infância, desenvolvemos o conhecimento de que merecíamos amor. Isso serve de base para o aumento da confiança, da capacidade de nos perdoar e de outras qualidades. Essa capacidade de amar a nós mesmos já existe dentro de nós, mas é ativada pelo apoio amoroso dos nossos pais. Se não recebemos esse apoio quando somos pequenos, acabamos fazendo uma série de escolhas na vida sem essa base vital.

Mais tarde, explorando a pergunta "E se tivéssemos recebido o apoio que faltou?", o que fazemos, na verdade, é desmanchar os efeitos do passado. Analisando as perguntas "e se...", estamos dando a nós mesmos a opção de ativar e despertar nossos sentimentos de auto-estima. Conectados com nosso verdadeiro eu, que reprimimos no passado, podemos então usar nosso passado para nos dar força.

Digamos que você tenha dificuldade de perdoar os outros. Voltando ao passado se lembrando dos erros que seus pais cometeram e, respondendo à pergunta "E se eles pedissem desculpas e corrigissem esse comportamento?", você poderá perdoá-los. Com essa capacidade de perdoar, será muito mais fácil perdoar os outros e você mesmo no momento presente. Olhar para o passado e se lembrar das dores daquele tempo pode ser muito útil quando fazemos isso no contexto de utilizar essas lembranças para nos sentirmos melhor, não pior.

Depois de fazer uma pergunta "e se...?", faça outras para trazer à tona seus sentimentos. Abaixo estão alguns exemplos de perguntas complementares.

Pergunte para você mesmo: "E se eu tivesse todo o dinheiro do mundo?" Depois faça outras perguntas como estas:

O que eu faria?
Como me sentiria?
Como reagiria neste momento?
O que eu preferiria fazer?

O que sentiria a meu respeito?
O que sentiria em relação ao meu futuro?
Como me sentiria em relação ao meu patrão?
Como trataria meu marido ou mulher?

Mais exemplos de perguntas "e se...":

E se eu ficasse solteiro outra vez?
E se eu não tivesse medo?
E se o meu casamento fosse feliz?
E se eu tivesse saúde?
E se eu tivesse só mais um ano de vida?
E se eu soubesse que tinha as vidas que eu quisesse para viver?
E se eu não fosse viciado em açúcar, o que eu gostaria de comer?
E se eu tivesse mais tempo, o que eu faria?
E se eu tivesse estudado mais?
E se eu recebesse tudo de que preciso no meu casamento, como trataria meu marido ou minha mulher hoje?

Nesse exercício você não precisa ser racional. Dê liberdade à sua imaginação para responder aos "e se...". Essa é a base de todos os nove princípios.

1. E se você pudesse aprender a fazer milagres? O que faria?
2. E se você tivesse liberdade para fazer o que quiser? Que escolhas faria?
3. E se você fosse um principiante inocente? Que perguntas faria? Como se sentiria em relação aos outros e aos estudos?
4. E se você estivesse amando pela primeira vez? Como daria seu amor e como dividiria seu coração?

5. E se você tivesse tudo de que precisa? Como reagiria ao seu parceiro ou parceira?
6. E se o dinheiro realmente não tivesse importância? Que trabalho você faria? Que decisões de negócios você tomaria?
7. E se você pudesse relaxar, sabendo que tudo sempre acaba bem? O que você faria para que isso acontecesse?
8. E se você soubesse que Deus, ou um poder maior, um anjo da guarda ou o que você preferir, ouve o que você diz e está disposto a ajudá-lo? Como seriam suas preces e com que freqüência as diria?
9. E se você pudesse comer o que quisesse porque não tem nenhum vício por alimentos ou situações pouco saudáveis? Como se sentiria e o que faria de diferente?

Enquanto estiver fazendo o exercício do "e se...", não se preocupe se o que pensa ou diz é possível ou racional. Apenas permita-se banquetear-se nessa exploração do que você quer e depois imagine o que sentiria recebendo isso. Nós passamos tempo demais sem nos permitir imaginar mais, ou querer mais. A nossa mente estabelece condições que bloqueiam o fluxo livre e aberto dos nossos desejos. Quando você aprende a se conectar com esses desejos aleatórios, aos poucos você vai se aproximando da descoberta dos desejos da sua alma.

Com essa exploração dos seus desejos, você pode a princípio sentir vontade de largar seu emprego, mas à medida que continua a explorar suas carências, talvez acabe descobrindo que quer ter mais prazer no seu trabalho e ser mais respeitado. Com o tempo, poderá sentir que deseja fazer o melhor possível e servir de exemplo para mostrar aos outros como devem se comportar diante de um desafio.

O desejo é como um rio que, quando é represado, perde a vitalidade e fica turvo. Contudo, quando nos entregamos à liberdade de considerar as possibilidades infinitas do que existe no rio do desejo, ele recomeça a fluir e automaticamente se purifica. Deixe seus desejos ocultos saírem à luz do sol da sua consciência e eles automaticamente estarão mais alinhados com sua natureza divina. Então você terá a paz, a alegria, a segurança e o amor que brotam dos desejos da sua alma.

20
O PODER JÁ ESTÁ DENTRO DE VOCÊ

A cura e o sucesso milagrosos que qualquer pessoa pode conseguir hoje em dia têm sua origem no desenvolvimento da nossa própria capacidade interior de criar milagres práticos. Esse poder já existe dentro de todas as pessoas. Nossos corpos e cérebros estão equipados para ter acesso a esse poder e para expressá-lo. Tudo que temos de fazer é despertá-lo. **Os nove princípios e técnicas para criar milagres práticos farão exatamente isso.** Com algumas pequenas adaptações você poderá facilmente pôr tudo isso em prática.

A capacidade de compreender e de aplicar esses princípios tem crescido em nossa consciência nos últimos dois mil anos e, mais especificamente, nos últimos duzentos anos. Não são idéias novas, mas estão arrumadas e articuladas de um jeito novo. Juntas, elas funcionam como uma lente que aperfeiçoa o foco das questões espirituais mais importantes que a humanidade vem tentando compreender e seguir em toda nossa história recente. Em nossos momentos de maior brilhantismo, esses são os princípios básicos que os povos de todas as culturas aspiram ter como base de suas vidas.

Atualizando e integrando sua compreensão desses princípios com sua própria experiência e bom senso, aquelas coisas com as quais você sonhou, mas não conseguiu conquistar, ficam ao seu alcance e se tornam uma realidade concreta. Este livro não pretende de jeito nenhum persuadi-lo, e sim despertar, validar ou articular o que você já sabe que é verdade, mas que ainda não pôs totalmente em prática.

A VIDA PODE SER MAIS FÁCIL

A vida fica muito mais fácil quando se aprende a criar milagres práticos. Luta e sofrimento ou facilidade e conforto – a escolha agora é sua. No passado não tínhamos essa opção. Um número bem pequeno de pessoas tinha a capacidade de despertar e de usar seu potencial milagroso, mas agora é universal.

Mesmo quando você está com a pessoa certa, tem o emprego certo e segue a dieta correta, pode ser difícil obter sucesso, a não ser que você aplique cada um dos nove princípios. Algumas pessoas conseguem conquistar o sucesso sem utilizar todos os nove princípios, mas às vezes a vida delas é cheia de sofrimento. Recorrendo a essas nove técnicas resultados imediatos e milagrosos podem ser obtidos.

Existem maneiras infinitas de aprimorarmos a mente, o corpo, o coração e o espírito. O crescimento pessoal pode ser muito simples. É como preparar uma refeição. Tudo que precisamos para se preparar uma ótima refeição é de alimento, água e calor. Essas três coisas são constantes. As permutações e combinações das maneiras de preparar uma refeição deliciosa são infinitas. No entanto, mesmo que você crie o jantar perfeito para você, não terá garantia nenhuma de que ele vai agradar a todas as pessoas. Qualquer cozinheiro sabe que não existe uma receita única que agrade a todos.

> Determinar que uma abordagem é única é como dizer que existe uma única maneira de preparar refeições.

Este livro é a refeição que cozinhei para você. As palavras podem não ser adequadas para todos, mas espero que muitas sejam para você. Na pior das hipóteses, creio que ele pode prestar alguns esclarecimentos úteis. Na melhor das hipóteses, ele servirá perfeitamente e funcionará de imediato. Em poucos dias ou semanas você começará a criar milagres práticos.

Por favor, não fique decepcionado se não tiver afinidade com algumas das minhas idéias ou se elas parecerem descabidas ou impossíveis. Concordo que era impossível para a maioria das pessoas pô-las em prática no passado. É por isso que parecem milagres.

O fato de uma idéia não funcionar para você não significa que as outras não sejam válidas. Somos humanos e cometemos erros. Estou fazendo o melhor que posso para encontrar as palavras certas para a maioria das pessoas poder entender. Espero que você escolha sensatamente o que funciona para você e que mantenha a mente aberta tempo suficiente para testar muitos desses princípios e práticas.

A PRÁTICA E A FÉ

Você pode criar milagres, mas precisa de prática e de fé. Em geral, essa tarefa é mais fácil para as pessoas mais jovens. Quanto mais velhos ficamos, mais nos condicionamos às nossas experiências do passado. Sabemos o que podemos e o que não podemos fazer. Se eu fracassei tentando cantar ou escrever, então concluo que não sou bom nessas coisas. No entanto, às vezes, os maiores e mais sofridos desapontamentos que temos na vida têm relação com nossos maiores dons.

Quando eu era adolescente, meu maior medo era falar em público. Dei a minha primeira palestra sobre meditação e desenvolvimento do nosso potencial mental aos 19 anos. Eu estava tão nervoso e apavorado que meus joelhos começaram a tremer involuntariamente. Então, quando encarei minha platéia com a mente completamente vazia, desmaiei. As pessoas pensaram que eu tinha morrido.

Se naquele momento eu tivesse desistido de falar em público, nunca teria desenvolvido um dos meus maiores dons. Agora não faço esforço nenhum para dar palestras diante de uma platéia de milhares de pessoas. É um dos meus maiores prazeres na vida e fonte de tremenda inspiração, para o meu público e para mim. Não sinto mais nem sombra de ansiedade ou medo.

Nossos maiores medos muitas vezes encobrem nossos maiores talentos ou dons na vida.

Eu levei dez anos para superar toda minha ansiedade e para compreender meu dom oculto. Depois de desenvolver minha capacidade de orador, passei a sentir a necessidade de escrever um livro. Mas também tive dificuldade para isso. Na escola, escrever era o meu ponto mais fraco e matemática era o meu forte. Eu simplesmente não era um bom escritor, e sentia uma frustração enorme toda vez que tentava. Na faculdade, levava horas e dias para escrever umas poucas páginas. Não entendia como meus amigos tinham tanta facilidade. Era óbvio que escrever não era para mim.

Agora já escrevi dez best-sellers e costumo escrever muito rápido. No início da minha carreira de escritor, levei alguns anos para pôr as minhas idéias no papel de forma organizada e coerente. Agora, depois de muitos anos desenvolvendo meus pensamentos, levo apenas alguns meses para colocar as idéias no papel e criar um livro. O que costumava ser uma tarefa árdua transformou-se numa das minhas maiores qualidades e prazer.

Nos anos em que me especializei em cura, não sentia a energia curativa como sinto agora. Foi só há cerca de três anos que consegui acelerar drasticamente a capacidade de cura das pessoas, mesmo com doenças muito sérias. Essa mudança mais recente não surgiu de muito trabalho, mas sim da mudança da consciência do mundo. Eu sinto e direciono essa energia curativa, mas quase todas as pessoas que participam dos meus workshops também conseguem fazer isso. Você só precisa de alguém para mostrar a energia e ensinar como usá-la.

A maioria dessas pessoas que participam dos workshops ficam atônitas porque não sentiram nenhuma mudança em suas habilidades. No entanto, de repente conseguem sentir e acumular a energia natural sutil. Elas usufruem dos benefícios imediatamente. Até terem a oportunidade de aprender alguma coisa nova, elas não sabiam que possuíam as habilidades ocultas que agora estão à sua disposição.

Os limites da religião

Essa mudança que acabou de ocorrer veio evoluindo lentamente há milhares de anos. Jesus, que ficou famoso por demonstrar milagres, disse: "Eu não vim para responder às suas perguntas. Eu vim para mostrar o que vocês serão."

Ele não podia ensinar aos outros esse poder porque ainda não estavam preparados, mas podia inspirá-los e dar-lhes esperança. Ele disse: "Eu falo através de histórias e parábolas porque vocês não entenderiam, mas um dia entenderão." E foi só agora que as pessoas se tornaram capazes de compreender as verdades espirituais necessárias para criar milagres.

O grande mestre e realizador de milagres Buda partilhou da mesma visão. Ele disse que havia certas perguntas que ele não podia responder, porque as pessoas ainda não estavam preparadas. Ele sabia que se tentasse, elas simplesmente não entenderiam, porque não seriam capazes. O melhor que ele pôde fazer foi ensinar uma mensagem apropriada para as pessoas do seu tempo, para ajudar a aliviar o sofrimento delas. Ele, como Jesus, enfrentou a barreira que todo mestre enfrenta. Só se pode ensinar o que o discípulo está preparado para ouvir e compreender.

> Por mais que você saiba, só pode ensinar o que
> o aluno está preparado para ouvir e compreender.

Temos sorte de viver numa época em que a maioria das pessoas está preparada para compreender e para pôr em prática aquilo que antigamente era privilégio de poucos. Em termos bastante concretos, todos nós agora somos iguais com nossa capacidade de acesso ao nosso potencial interior de criar milagres práticos e de transformar nossos sonhos em realidade. Tudo o que as pessoas precisam é da instrução necessária para despertar seu poder interior, e isso agora está à nossa disposição com recursos ilimitados.

Pessoas de todas as religiões e inclinações espirituais terão o potencial de conversar umas com as outras na fila do caixa de seus supermercados favoritos e de sentir que estão diante de um ser espiritual maravilhoso, independente da religião que professam. O preconceito religioso, que tem sido, e ainda é, responsável por uma violência e uma desconfiança extraordinárias, irá acabar. Nessa era de milagres, aquele que busca transformação, mudança e conquista espiritual não ficará ofendido quando a abordagem espiritual do outro for diferente da sua.

Lembro que uma mulher em um dos meus seminários revelou essa verdade simples mas maravilhosa:

– Eu estava fazendo um dos exercícios com um hindu – ela disse. Sou evangélica e sempre desconfiei das pessoas que não acreditavam em Jesus. Quando conheci esse hindu, descobri que ele é uma pessoa tão boa quanto eu e que é um homem muito espiritualizado. Essa experiência me ajudou a abrir minha mente e a reconhecer o que há de bom em todas as pessoas e em todas as crenças.

A partir desse acontecimento positivo, ela sentiu a mudança que é o alicerce da América e de qualquer outra democracia livre: liberdade religiosa, tolerância verdadeira com o reconhecimento do fundo do coração de que não existe um caminho único para todos. Essa foi a visão dos pais e mães pioneiros da América, mas ainda estamos lutando para conquistar isso. Até a palavra "tolerância", que significa essencialmente abraçar e aceitar as diferenças, tem uma conotação negativa. Para muitas pessoas, tolerância significa aceitar as diferenças ou deixar que existam, e, ao mesmo tempo, julgar secretamente que os outros são inferiores a elas.

DESISTINDO DO PENSAMENTO "ÚNICO"

As crianças são o melhor exemplo do pensamento "único". Quando a criança não tem acesso ao conhecimento do mundo, ela precisa e depende da orientação dos pais. Para se sentir segura, ela precisa acreditar que está seguindo o líder certo. Conseqüentemente, toda criança pequena acha que seus pais são os melhores e que o ponto de vista deles é o único que existe.

Quando chegam lá pelos nove anos de idade, acontece uma mudança no cérebro e elas de repente passam a se ver, a ver o mundo e seus pais de forma diferente. A consciência da individualidade aumenta, e os pais começam a fazer com que se sintam constrangidas. De repente, cantar em público ou conversar sobre eles não é mais permitido.

Depois, por volta dos 13 ou 14 anos, ocorre outro estágio no desenvolvimento do cérebro. O conceito que acalentamos dos nossos pais serem infinitamente brilhantes e sábios cai por terra. Os adolescentes subitamente acham que sabem tudo, e que nós não sabemos nada. Esse movimento na adolescência, que todo pai já vivenciou, nos ajuda a compreender a evolução da humanidade.

Os adolescentes subitamente acham que sabem tudo e que os pais não sabem nada.

A separação gradual da Igreja e do Estado, seguida pelo eventual desenvolvimento do pensamento científico, reflete as mesmas mudanças que vemos no crescimento das crianças. A separação da Igreja e do Estado pôde ocorrer uma vez que a consciência da humanidade foi capaz de pensar por si. Como uma criança de nove anos constrangida com o comportamento supostamente inadequado dos pais, a humanidade percebeu que a Igreja não era perfeita e que, portanto, seria melhor ela mesma formar o governo.

O movimento para a ciência aconteceu quando essa mudança se completou. A humanidade descobriu que a autoridade divina era enganosa e que qualquer pessoa tinha tanta capacidade de saber o que era certo ou errado quanto a Igreja. Todas as pessoas eram capazes de compreender o que era verdade. Foi a partir desse ponto que toda a noção da pesquisa científica evoluiu.

Como adolescentes rejeitando a onipotência e a onisciência dos pais, muitos seguidores da nova religião da ciência rejeitaram as tradições religiosas antigas, consideradas ignorantes, e com arrogância proclamaram a superioridade da pesquisa científica. Como éramos livres para seguir o caminho da razão, pudemos então abrir livremente nossos corações para novas experiências.

Isso se expressou historicamente através da Renascença e de outras épocas de desenvolvimento cultural e artístico da sociedade. A cada geração surgia uma nova arte e uma nova música, e continuamos a nos libertar do pensamento único. Esse foi o início das noções de liberdade e de igualdade.

Assim nasceu a democracia e as pessoas não eram mais governadas apenas pela mente ou pelo coração. Queríamos a liberdade de escolher e de fazer o que achávamos que era bom e justo. Esse desenvolvimento evolutivo foi responsável pela expansão da democracia nos últimos duzentos anos.

AS BÊNÇÃOS DESSA NOVA ERA

Agora, com a chegada deste novo milênio, nosso novo desafio não é só continuar a seguir nossas mentes e nossos corações, mas também obedecer à nossa consciência no processo de cumprir nosso dever e concretizar nossos sonhos. Esse é um desafio e uma jornada estimulante. Seguindo os nove princípios e usando as diferentes técnicas, você terá grande parte do apoio de que precisa. Espero que você leve este livro com você em sua viagem e que o utilize como suporte, para seus amigos e sua família.

Deixe que ele sirva de guia, ou que simplesmente sirva de lembrança para você retornar; retornar ao milagroso poder e à verdade que existem dentro de você e que estão apenas esperando para aflorar. Use este livro para ajudá-lo a lembrar quem você realmente é e o que veio fazer aqui. Use-o para lembrar que você não está sozinho e que nunca esteve sozinho. Use-o para lembrar que você é muito maior do que era antes. Use-o para lembrar que você é livre.

Exercite sua nova liberdade optando por ser mais e por fazer mais. Você tem um novo poder para modificar sua vida e para criar, com a ajuda de Deus e a ajuda daqueles que o amam, a vida que sempre quis.

Que o seu coração fique repleto agora e para sempre das bênçãos divinas da paz, da alegria, da confiança e do amor. Que sua mente se abra agora e para sempre para as bênçãos divinas da paciência, do otimismo, da força e da humildade. Que sua vida se ilumine agora e para sempre com as bênçãos divinas da realização, da inspiração, da coragem e da inocência. Que você sempre dê graças a Deus pelas inúmeras bênçãos que recebeu e que continuará a receber.

Eu agradeço a Deus por ter me abençoado com a oportunidade de escrever este livro, e agradeço a você mais uma vez por permitir que eu faça parte da sua jornada neste mundo. Que você seja sempre livre para partilhar seu amor e sua luz do modo como quiser, nessa época tão linda e deslumbrante para se viver. Que Deus e todos os anjos abençoem você eternamente e fiquem ao seu lado em sua caminhada neste sol radiante dessa gloriosa nova era.

Este livro foi impresso na Editora JPA Ltda.,
Av. Brasil, 10.600 – Rio de Janeiro – RJ,
para a Editora Rocco Ltda.